图解 7S 管理手册

中国实战版

准正锐质中心 ◎ 编著

电子工业出版社
Publishing House of Electronics Industry
北京·BEIJING

内容简介

本书以"基础知识＋方法技巧＋现场应用"为主线，同时采用"模块化内容＋现场图片漫画＋实用工具表单"的形式，详细地阐述了 7S 活动的推行方法，同时针对"整理""整顿""清扫""清洁""素养""安全""节约"7 个方面的具体活动提供全面、简单、实用的方法和技巧，并对 7S 活动的方法和技巧在生产现场、办公室、仓库等各方面的具体运用给出实战参考。

本书不仅可供企业的管理人员、现场人员学习和使用，还可作为咨询顾问、培训师的培训教材，同时也适合对 7S 管理感兴趣的读者用作学习的素材并在实战中借鉴参考。

未经许可，不得以任何方式复制或抄袭本书之部分或全部内容。
版权所有，侵权必究。

图书在版编目（CIP）数据

图解 7S 管理手册：中国实战版 / 准正锐质中心编著．
北京：电子工业出版社，2024. 10. -- ISBN 978-7-121-48861-0

Ⅰ．F279.23-62
中国国家版本馆 CIP 数据核字第 2024K6Z720 号

责任编辑：张　毅
印　　刷：三河市兴达印务有限公司
装　　订：三河市兴达印务有限公司
出版发行：电子工业出版社
　　　　　北京市海淀区万寿路 173 信箱　邮编：100036
开　　本：889×1194　1/24　印张：8.25　字数：201 千字
版　　次：2024 年 10 月第 1 版
印　　次：2024 年 10 月第 1 次印刷
定　　价：49.00 元

凡所购买电子工业出版社图书有缺损问题，请向购买书店调换。若书店售缺，请与本社发行部联系，联系及邮购电话：（010）88254888，88258888。
质量投诉请发邮件至 zlts@phei.com.cn，盗版侵权举报请发邮件至 dbqq@phei.com.cn。
本书咨询联系方式：（010）68161512，meidipub@phei.com.cn。

3.2.6　设定区域：暂存不要物品 ·················· 50
3.2.7　不要物品分类处理 ························ 51
3.2.8　每日循环整理自检 ························ 53

3.3　整理的具体实施 ································ 55
3.3.1　现场物料的整理 ·························· 55
3.3.2　设备工具的整理 ·························· 56
3.3.3　作业台的整理 ···························· 58
3.3.4　办公桌的整理 ···························· 59
3.3.5　文件资料的整理 ·························· 60
3.3.6　仓库货架的整理 ·························· 60

第 4 章　整顿实施

4.1　整顿的基础知识 ································ 63
4.1.1　整顿的含义 ······························ 63
4.1.2　整顿的内容 ······························ 63
4.1.3　整顿的实施步骤 ·························· 64
4.1.4　整顿的注意事项 ·························· 65

4.2　整顿的方法技巧 ································ 66
4.2.1　区域规划：合理放置物品 ·················· 66
4.2.2　画线定位：准确放置物品 ·················· 67
4.2.3　定置管理：定位定容定量 ·················· 68
4.2.4　物品存放：有效保存物品 ·················· 71
4.2.5　放置标识：准确摆放物品 ·················· 72
4.2.6　形迹管理：物品定位方法 ·················· 74
4.2.7　及时归位：保持物品整齐有序 ·············· 75

4.3　整顿的具体实施 ································ 75
4.3.1　工具箱的整顿 ···························· 75

4.3.2 机械设备的整顿 …………………………………… 76
4.3.3 现场物料的整顿 …………………………………… 77
4.3.4 作业台的整顿 ……………………………………… 78
4.3.5 办公台的整顿 ……………………………………… 79
4.3.6 文件资料的整顿 …………………………………… 81
4.3.7 仓库货架的整顿 …………………………………… 82

第 5 章　清扫实施

5.1 清扫的基础知识 …………………………………………86
5.1.1 清扫的含义 ………………………………………… 86
5.1.2 清扫的对象 ………………………………………… 86
5.1.3 清扫的实施步骤 …………………………………… 87
5.1.4 清扫的注意事项 …………………………………… 88

5.2 清扫的方法技巧 …………………………………………89
5.2.1 明确清扫作业范围：划分清扫责任区 ……………89
5.2.2 明确清扫作业标准：制定清扫作业指导书 ……91
5.2.3 清扫工作实施方法一：随时工作随时清扫 ……92
5.2.4 清扫工作实施方法二：彻底清扫不留死角 ……93
5.2.5 清扫工作实施方法三：看到脏乱立即清理 ……94
5.2.6 查找并治理污染源：杜绝脏物产生 ……………95
5.2.7 清扫工具归位放置：便于随时使用 ……………97
5.2.8 及时检查清扫工作：角落细节着手 ……………97

5.3 清扫的具体实施 …………………………………………99
5.3.1 地面的清扫 ………………………………………… 99
5.3.2 窗台的清扫 ………………………………………… 99
5.3.3 工具设备的清扫 …………………………………… 100
5.3.4 作业台的清扫 ……………………………………… 102

5.3.5 办公台的清扫 ……………………………… 103

5.3.6 文件资料的清扫 …………………………… 104

5.3.7 仓库货架的清扫 …………………………… 105

第 6 章　清洁实施

6.1 清洁的基础知识 ……………………………… 108

  6.1.1 清洁的含义 ………………………………… 108

  6.1.2 清洁的标准 ………………………………… 108

  6.1.3 清洁的实施步骤 …………………………… 109

  6.1.4 清洁的注意事项 …………………………… 110

6.2 清洁的方法技巧 ……………………………… 111

  6.2.1 开展前 3S 活动：清洁活动的基础 ………… 111

  6.2.2 保持自身清洁：确保彻底的清洁 ………… 112

  6.2.3 清洁活动自我检查：以便主动改进 ……… 113

  6.2.4 及时巡查清洁活动：以便及时整改 ……… 114

  6.2.5 定期检查评比奖惩：保证活动持续进行 …… 114

  6.2.6 公布清洁活动效果：以便互相学习监督 …… 117

  6.2.7 持续开展清洁活动：保持现场的清洁 …… 117

6.3 清洁的具体实施 ……………………………… 118

  6.3.1 生产现场的清洁 …………………………… 118

  6.3.2 设备工具的清洁 …………………………… 120

  6.3.3 作业台的清洁 ……………………………… 121

  6.3.4 办公桌的清洁 ……………………………… 122

  6.3.5 文件资料的清洁 …………………………… 123

  6.3.6 仓库货架的清洁 …………………………… 124

第 7 章 素养实施

7.1 素养的基础知识 ……………………………… 127
- 7.1.1 素养的含义 ……………………………… 127
- 7.1.2 素养的表现 ……………………………… 127
- 7.1.3 素养的实施步骤 ………………………… 128
- 7.1.4 素养的注意事项 ………………………… 129

7.2 素养的方法技巧 ……………………………… 130
- 7.2.1 员工行为规范：提升素养的基础 ……… 130
- 7.2.2 班前会班后会：提升日常素养 ………… 131
- 7.2.3 OASISU 活动：带来良好的印象 ……… 132
- 7.2.4 让员工理解规则：以便遵守规则 ……… 133
- 7.2.5 员工提供改善提案：参与素养提升 …… 134
- 7.2.6 督导员工遵守规则：逐步形成素养 …… 135

7.3 素养的具体实施 ……………………………… 136
- 7.3.1 办公室人员的检查与素养提升 ………… 136
- 7.3.2 生产现场人员的检查与素养提升 ……… 138

第 8 章 安全实施

8.1 安全的基础知识 ……………………………… 141
- 8.1.1 安全的含义 ……………………………… 141
- 8.1.2 安全管理的对象 ………………………… 141
- 8.1.3 安全管理的实施步骤 …………………… 143
- 8.1.4 安全管理的注意事项 …………………… 144

8.2 安全的方法技巧 ……………………………… 145
- 8.2.1 安全教育培训：增强员工安全意识 …… 145

8.2.2　安全隐患排查：及时发现安全隐患 ………… 146
　　8.2.3　安全隐患治理：彻底消除安全隐患 ………… 148
　　8.2.4　危险预知训练：发现危险寻找对策 ………… 149
　　8.2.5　进行安全标识：实现安全的可视化 ………… 150
　　8.2.6　进行安全防护：避免发生安全事故 ………… 152
　　8.2.7　安全监督检查：确保员工安全生产 ………… 154
　　8.2.8　进行安全操作：避免出现违规行为 ………… 154
8.3　安全的具体实施 ……………………………………… 157
　　8.3.1　员工安全管理实施 ……………………………… 157
　　8.3.2　作业安全管理实施 ……………………………… 158
　　8.3.3　物品安全管理实施 ……………………………… 159
　　8.3.4　设备安全管理实施 ……………………………… 161
　　8.3.5　环境安全管理实施 ……………………………… 162
　　8.3.6　消防安全管理实施 ……………………………… 163
　　8.3.7　办公安全管理实施 ……………………………… 166
　　8.3.8　仓库安全管理实施 ……………………………… 166

第 9 章　节约实施

9.1　节约的基础知识 ……………………………………… 169
　　9.1.1　节约的含义 ……………………………………… 169
　　9.1.2　浪费的现象 ……………………………………… 169
　　9.1.3　节约的实施步骤 ………………………………… 171
　　9.1.4　节约的注意事项 ………………………………… 171
9.2　节约的方法技巧 ……………………………………… 172
　　9.2.1　加强节约教育：增强节约意识 ………………… 172

- 9.2.2 实施节约活动：减少现场浪费 ………… 173
- 9.2.3 张贴浪费看板：避免浪费产生 ………… 173
- 9.2.4 张贴节约标识：鼓励员工节约 ………… 175
- 9.2.5 实施精益生产：消除生产浪费 ………… 175
- 9.2.6 人机配合分析：提高作业效率 ………… 176
- 9.2.7 标准时间设定：提高作业效率 ………… 178

9.3 节约的具体实施 ………………………………… 181
- 9.3.1 减少物料浪费 …………………………… 181
- 9.3.2 减少库存浪费 …………………………… 182
- 9.3.3 减少作业浪费 …………………………… 183
- 9.3.4 减少水电气浪费 ………………………… 184
- 9.3.5 减少生产过剩浪费 ……………………… 185

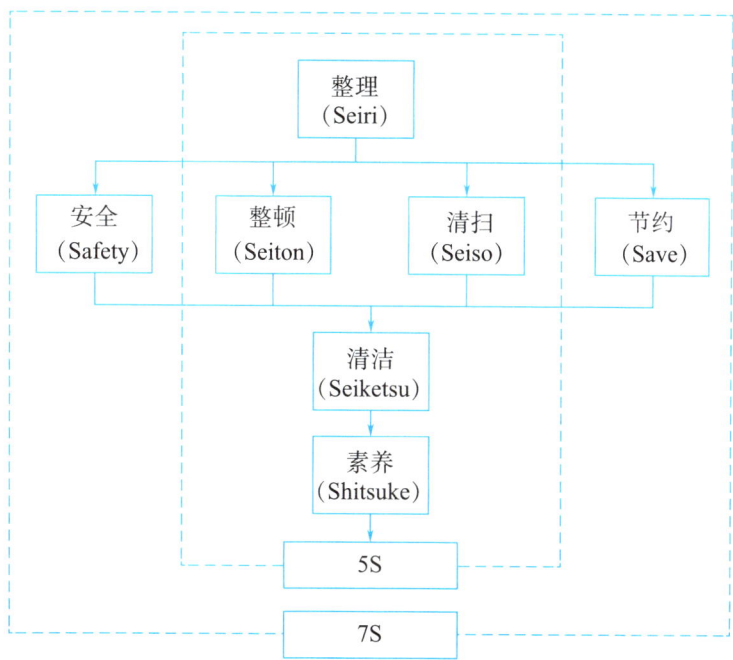

图 1-1　7S 与 5S 的关系图

1.3　7S 活动的作用

7S 活动通过整理、整顿、清扫、安全、清洁、素养和节约这 7 个 "S" 的推行，让现场得到有效的管理，并通过持续改善，使企业在各个方面得到提升，使生产现场维持在一个理想的水平。7S 活动的作用如图 1-2 所示。

- 保障产品质量。7S 能够规范现场，避免出现违规操作行为，从而保证产品质量。
- 提高工作效率。7S 能够帮助员工在必要的时候立即找到及取出有用的物品，减少物品的查找与辨识时间，使取放效率和工作效率得到显著提高。
- 减少现场浪费。7S 能够帮助企业节约空间与消耗成本，减少浪费。

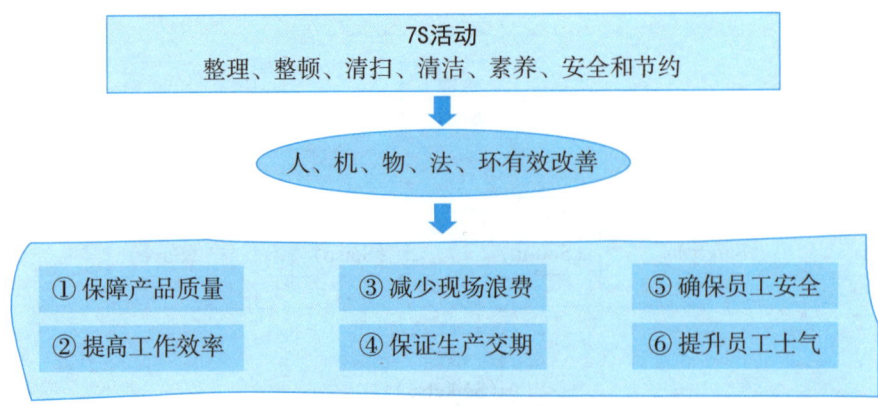

图 1-2　7S 活动的作用

◐ 保证生产交期。7S 能够使员工工作顺利进行，从而确保生产交期的达成。

◐ 确保员工安全。7S 的长期坚持能培养员工认真负责的态度，能减少员工违规作业，减少安全事故的发生。

◐ 提升员工士气。整洁、干净的环境能给员工带来好心情，也能提升员工的士气。

1.4　7S 活动的误区

企业在推行 7S 管理活动时，经常会发现有部分员工流露出许多错误的观点，若对这些观点不予指正，错误的意识会直接影响员工参与 7S 管理活动，因此，必须重视防止在 7S 活动推行中企业走入误区。7S 活动的常见误区如图 1-3 所示。

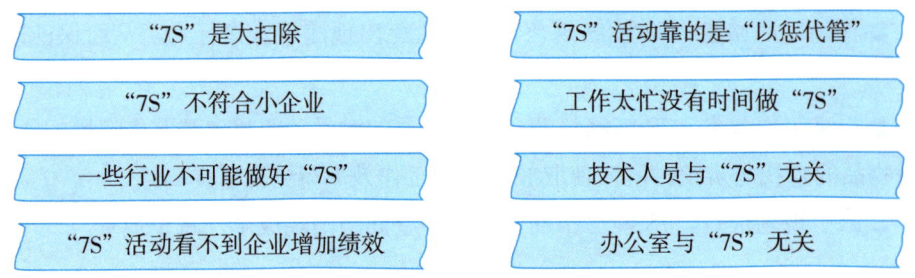

图 1-3　7S 活动的常见误区

- 7S 不是大扫除，开展 7S 活动的真正目标是让员工最终能够养成良好的习惯。
- 无论任何企业和行业都需要开展并做好 7S 活动，这样才能打好企业的根基。
- 7S 活动开始之初可能不能直接提高企业绩效，但是只要长期坚持，就可以杜绝浪费、减少事故、提高产品质量和工作效率，最终达到提高企业绩效的目的。
- 若 7S 活动靠"以惩代管"，不仅"7S"问题得不到根本解决，也会严重伤害员工的积极性。
- 技术人员和办公室必须站在改善的最前端，做好示范和带头作用，带领全体员工参与 7S 活动。

第 2 章 7S 推行

2.1　7S 推行的组织构架

2.2　7S 推行的活动策划

2.3　实施 7S 活动宣传

2.4　实施 7S 教育培训

2.5　建立 7S 活动样板区

2.6　全面推行 7S 活动

2.7　开展 7S 评比考核

2.1 7S 推行的组织构架

2.1.1 组建 7S 推行委员会

为了有效地推行 7S 活动，企业需要建立一个符合条件的推行组织——7S 推行委员会。7S 推行委员会可对 7S 活动进行全面监督、管理和评定，切实保证做到 7S 的持续改进。7S 推行委员会具体的组织结构如图 2-1 所示。

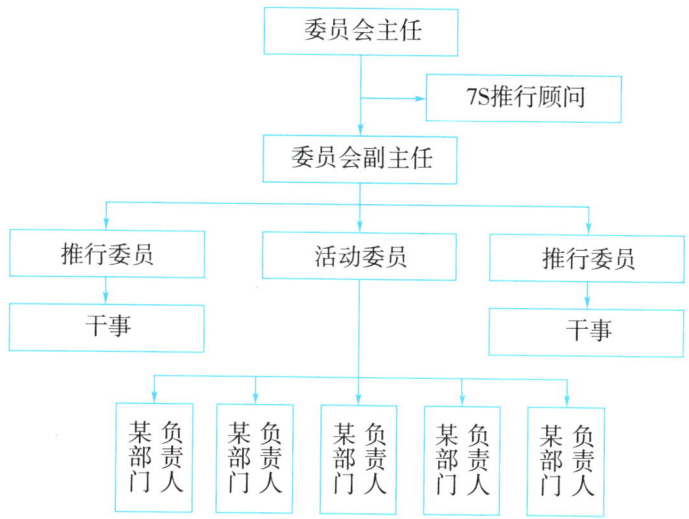

图 2-1　7S 推行委员会具体的组织结构

2.1.2 明确推行委员会职责

成立 7S 推行委员会之后，7S 推行委员会应明确界定各组织成员的职责，以保证推行工作能够顺利进行。7S 推行委员会各成员的职责如图 2-2 所示。

委员会主任职责

- 负责7S推行委员会成员的任免和管理工作
- 提出7S推行方针和目标，对7S推行计划和办法进行审批
- 定期查核7S推行情况，督促各推行委员履行工作职责
- 为7S的推行提供各种资源支持，确保其顺利实施
- 对7S推行过程中的各种重要事务进行裁决

7S推行顾问职责

- 协助7S推行委员会成员对7S进行整体规划
- 负责对7S活动的推行和实施提供建设性的意见
- 对推行过程中出现的问题进行解答，帮助其进行改进
- 对7S活动持续改进提出好的方案
- 支持7S的其他相关工作

活动委员职责

- 进行7S活动的总体规划
- 对企业7S活动进行推广、宣导、教育和总结
- 7S活动的日常检查与定期检查的组织
- 对开展7S活动的各部门单位进行评比和奖励

推行委员职责

- 负责协调7S推行委员会下达给部门或区域的工作任务
- 制订各部门的7S推行计划，并对其进行宣传和教育
- 统筹规划各部门单位在7S推行中的工作内容
- 全面组织推行各部门的7S活动的实施，确保7S工作的顺利进行
- 规范管理各部门在7S推行工作中的各类文件

图2-2　7S推行委员会各成员的职责

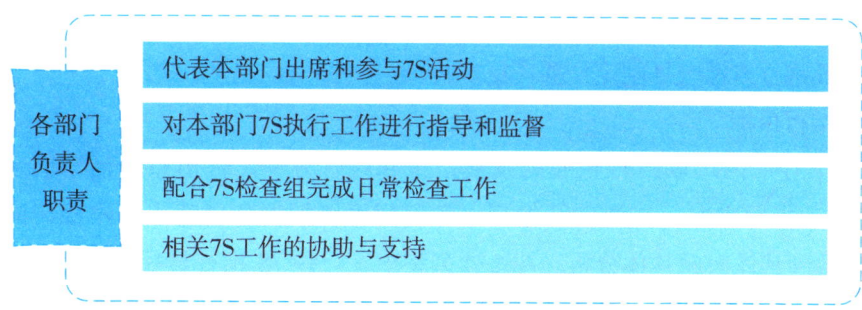

图 2-2　7S 推行委员会各成员的职责（续）

2.2　7S 推行的活动策划

2.2.1　拟定推行方针及目标

7S 活动推行委员会在策划 7S 推行活动时，首先需要策划 7S 推行方针及目标。

1. 推行方针

推行方针是导入 7S 的基本原则，主要用来指导 7S 的推行活动，因此推行人员需要制定适当的 7S 活动推行方针。图 2-3 是 7S 活动的推行方针，供参考。

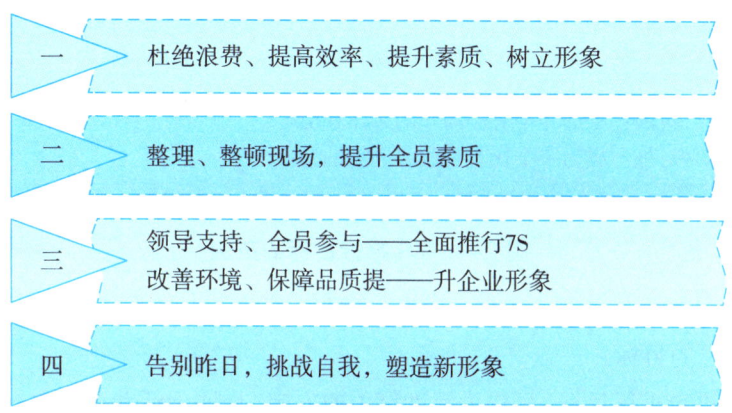

图 2-3　7S 活动的推行方针

◐ 7S 推行方针的制定要结合企业具体情况，根据各个企业的自身特点来制定。

◐ 制定出来的 7S 推行方针要有号召力。

◐ 7S 推行方针一旦制定，要广泛宣传。

2. 推行目标

7S 推行部门可以结合企业的发展宗旨和经营方针，提出整个活动的目标，为 7S 活动指明方向。在活动开始后，各部门可以根据各自特点提出部门的具体目标，做到具体问题具体分析。图 2-4 列举出了一些 7S 推行目标的范例，各个企业可根据自身的情况对推行目标进行调整，使其成为本企业的 7S 推行目标。

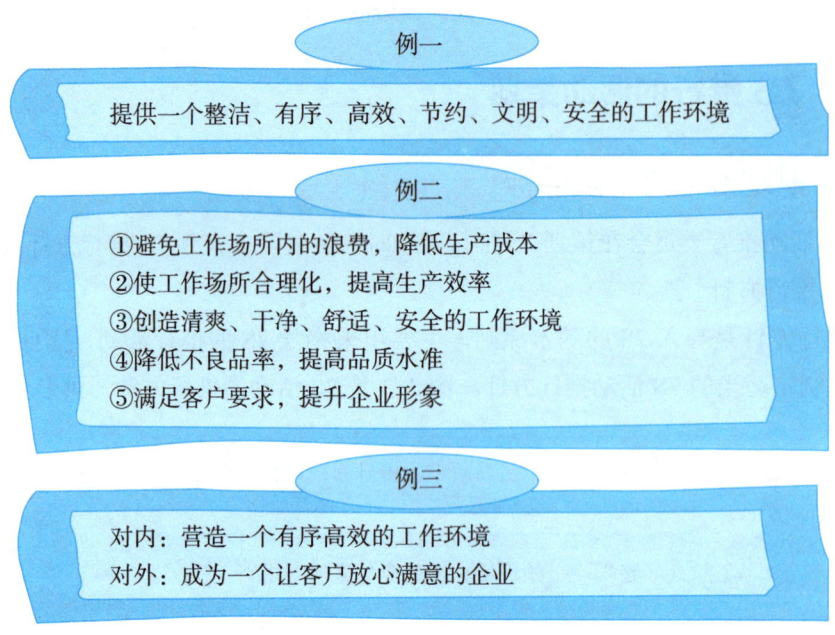

图 2-4　7S 推行目标的范例

◐ 推行目标可从效率、质量、成本、交期、安全、士气等某个方面进行制定，也可以设计总的目标。

◐ 预先设定推行目标，可作为活动努力的方向，也便于活动过程中的成果检查。

2.2.2　制订 7S 活动推行计划

7S 活动推行前，推行人员需要制订活动计划，并将其公布出来，让企业全体员工都知道在什么时间内完成什么工作,以便大家对整个过程有一个整体的了解。

推行人员制订活动推行计划时,需要确定具体的计划类型,以便有针对性地编制计划。7S 活动推行计划类型如表 2-1 所示。

表 2-1　7S 活动推行计划类型

分类标准	计划类型	计划说明
按时间划分	长期计划	长期计划通常以年度作为考核时限,各年度有不同的工作内容,一般而言,长期计划需要规划近三年的计划
	短期计划	短期计划是用来明确具体的改善项目和具体日程,如每周一清扫地板等,每完成一个短期计划之后,员工应在该计划上用记号标注
按等级划分	7S 总推行计划	企业的 7S 总推行计划是比较宏观和全面的
	各部门 7S 实施计划	各部门的计划是对企业 7S 推行计划的落实和细化,要求实施内容明确具体;各部门区域相关责任人应清楚自己及其他人的工作是什么及何时要完成,以便相互配合,发挥团队作战精神

表 2-2 是某企业制订的 7S 活动总推行计划,供读者参考。

表 2-2　7S 活动总推行计划

序号	推行阶段	计划	计划时间	参与部门	具体描述
1	准备阶段	推行前期	××月××日—××月××日	推行委员会	组建推行委员会及拟定推行方针和目标
2			××月××日—××月××日	推行委员会和各部门	区域划分,确定各部门的责任区域
3			××月××日—××月××日	推行委员会	制订 7S 活动计划
4	宣传阶段		××月××日—××月××日	企业各部门	利用例会讲述实施 7S 的必要性和作用,使员工对 7S 有深入的了解
5	培训阶段		××月××日—××月××日	企业各部门	各部门和各车间安排 7S 培训

续表

序号	推行阶段	计划	计划时间	参与部门	具体描述
6	确定样板区	局部推行阶段	××月××日—××月××日	推行委员会和相关部门	选好样板区做7S活动实施
7	整理整顿	局部推行阶段	××月××日—××月××日	各对应部门	对样板区进行整理、整顿
8	清扫清洁	局部推行阶段		各对应部门	对样板区进行清扫、清洁
9	素养节约	局部推行阶段		各对应部门	对样板区进行素养、节约
10	安全	局部推行阶段		各对应部门	对样板区进行安全管理
11	7S活动实施	全面展开阶段	××月××日—××月××日	企业各部门	按照推行计划全面开展7S活动
12	7S活动评价	全面展开阶段	××月××日—××月××日	推行委员会和各部门	依照评分表对各部门7S活动进行评价
13	检讨与改善	全面展开阶段	××月××日—××月××日	企业各部门	各部门根据评估结果进行检讨和改善

2.2.3 制定7S活动实施办法

对于7S活动的展开，企业要制定7S活动实施办法，通过书面形式让员工了解哪些可做，哪些不可做，要怎么做才符合7S的要求。制定7S活动实施办法后，要及时向全体员工公布，让全体员工知晓并照此执行。

7S活动制定方法的实施办法有两种，具体如图2-5所示。

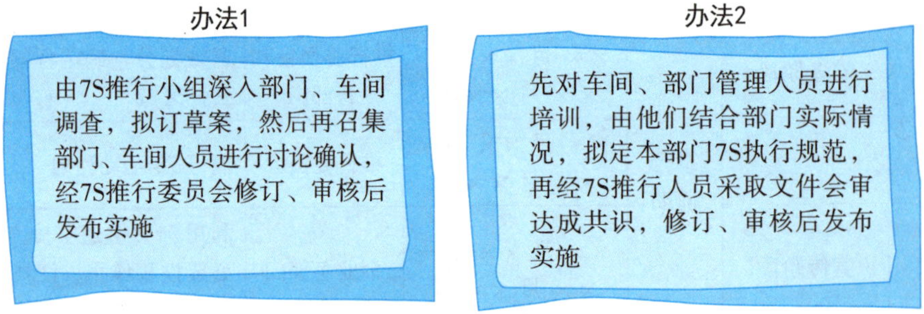

办法1

由7S推行小组深入部门、车间调查，拟订草案，然后再召集部门、车间人员进行讨论确认，经7S推行委员会修订、审核后发布实施

办法2

先对车间、部门管理人员进行培训，由他们结合部门实际情况，拟定本部门7S执行规范，再经7S推行人员采取文件会审达成共识，修订、审核后发布实施

图2-5　7S活动实施办法

制定 7S 活动实施办法时要注意以下内容。

⊃ 主线原则。不同部门、不同岗位、不同人员在 7S 活动中有不同的诉求，7S 活动实施办法应该把握好 7S 活动实施的主线，主要解决重点环节和关键步骤。

⊃ 内容全面。对工作原则、工作要求和如何实施进行详细的说明，以便进行 7S 活动的推行实施。

⊃ 适用性。7S 活动要真正得到推行，实施办法必须简单可行，具有可操作性，符合实际情况。

⊃ 适时修订。随着时间的推移，实施办法也可能存在不适合的问题，对于发现的问题需要及时进行修改。

以下是 7S 活动实施办法的实例，供读者参考。

制度名称	7S 活动实施办法	编号	
		受控状态	
执行部门		监督部门		编修部门	

第 1 条　目的
为改善和提升企业形象，创造一个整洁、有序、高效、节约、文明、安全的工作环境，特制定本办法。
第 2 条　适用范围
本办法适用于车间、办公室、仓库等责任区域。
第 3 条　管理职责
1.7S 推行委员负责制定 7S 活动实施办法，并监督各区域 7S 活动的实施。
2. 各部门负责人负责各自区域 7S 活动的实施。
第 4 条　整理的实施办法
1. 整理的原则。
（1）清理——区分需要品和不需要品。
（2）清除——清理不需要品。
2. 整理的常用工具。
红色标识卡、物料暂存区。
3. 具体的实施要求。
（1）各区域员工每日须对各自区域的物品进行区分，确认是否属于不需要的物品。
（2）对于各区域不需要的物品转移至物料暂存区或按照报废程序进行报废。
第 5 条　整顿的实施办法

1. 整顿的三定原则。
（1）定品——限制物品摆放的种类。
（2）定位——限制物品摆放的位置。
（3）定量——限制物品摆放的数量。
2. 用颜色进行区域划分，一般颜色含义如下。
（1）黄色：一般通道、工作区域线。
（2）红色：不良品警告、安全管制。
3. 具体的实施要求。
（1）7S 推行委员将各部门责任区域划分清楚，责任部门按责任要求进行责任区的整顿。
（2）各部门将部门内部责任区划分清楚，建立检查制度并进行监督。
（3）通道需以黄色线条标出，保持通道畅通，不得放（暂）置物品。
（4）物品放置于已经固定的画线框内，不能放在框外，或超出框外。
（5）材料、在制品、成品、不良品等需要按种类进行规划区域，并将区域标示清楚。
（6）档案需分类采用文件夹或装订夹整理，定位摆放，并标示档案名称和目录。

第 6 条　清扫的实施办法

1. 清扫的原则。
（1）扫漏——从设备中溢出的机油、压缩空气油污等杂物。
（2）扫怪——不对劲之处。
（3）扫黑——从设备上及天花板、墙面等落下的脏物、杂物。
2. 清扫的步骤。
（1）清扫准备工作。清扫之前需进行安全教育和机器设备基本常识教育。
（2）设立清扫责任区。
（3）按清扫要求进行清扫，清理脏污。
3. 清扫的实施要求。
（1）设备保持清洁，依规定点检、保养、彻底清洁。
（2）坚持利用每日 5 分钟到 10 分钟的 7S 工作时间，做好工作区域内设备、地面、工作台面、文件柜等的清扫工作。
（3）彻底调查污染源（跑、滴、冒、漏），予以杜绝。
（4）对清扫进行标准化，建立清扫标准和作业规范。

第 7 条　清洁的实施办法

1. 清洁的原则。
（1）维持——不制造脏乱。
（2）保持——不扩散脏乱。
（3）坚持——不恢复脏乱。
2. 清洁的实施要求。

（1）各清扫区域须彻底落实前3S工作：整理、整顿、清扫，"整理""整顿""清扫"是动作，"清洁"是结果。

（2）建立清洁点检表，各清扫区域责任人按照清洁点检表认真执行，逐一进行自我点检。

（3）主管人员每日坚持复查。

（4）制定惩罚措施，调动全体人员参加，并严格执行。

第8条 素养的实施办法

1. 素养的三准则：守纪律、守时间、守标准。

2. 素养的实施要领。

（1）持续推动前4S至习惯化，使员工在无形中养成一种保持整洁的习惯，从而最终达到精神上的"清洁"。

（2）制定共同遵守的相关规则、规定、礼仪守则、行为约定，通过各种精神活动（如早会、礼貌运动等）来提升员工素养。

3. 具体的实施要求。

（1）下班后生产现场的加工工具、物料一律要归位摆放，员工要养成归位的习惯。

（2）工作桌、生产线不能有材料、物品、工具等随意散置。

（3）通道上清理干净，不能有材料、物品堵塞。

（4）材料、在制品、成品、不良品要整理归类按照区域摆放好，工作现场清扫干净，保持下个工作时间可很快就绪。

（5）办公桌上文档、表单、文具等一律定位，不准散置。

（6）无人看管的设备、电气线路必须切断电源、关闭。

第9条 安全的实施办法

1. 实施的注意事项。

（1）制定安全规则和指南，包括防护设备的使用。

（2）重点岗位必须张贴红色安全警告标识（例如：冲压设备、剪切设备及配电房等）。

（3）建立安全生产责任制度，明确责任人；设置安全生产检查制，不定期稽查。

（4）利用各种公共场合对员工进行安全教育和宣导。

2. 具体的实施要求。

（1）消防安全。行政部负责企业消防设备管理及安全情况的日常检查，并适时地向企业员工宣传消防安全的知识以及如何采取紧急避险措施。

（2）防伤病安全。生产部负责保证全厂员工的人身安全，需要定期检查全厂各项设施，并填写安全巡查表予以记录。

（3）防盗安全。在办公区域，原材料、半成品、成品仓库和有关出入口设置防盗监控系统，以防止盗窃事故。

3. 安全事故的惩处。各部门如出现重大安全事故，部门负责人给予记大过处理；出现一般安全事故者，部门负责人记小过处理；出现轻微事故，部门负责人记申诫处理。

第 10 条　节约的实施办法

1. 各部门严格遵照企业相关条文规定，本着不浪费企业任何资源的观念，在充分利用现有资源的基础上，再行节省，降低企业成本。

2. 节约用人、用水、用电、用纸，善用现代化资讯沟通工具，即善用企业网络资源。

3. 部分资料可利用企业区域网共享功能进行存储，从而减少书面用纸，尽力实现无纸化办公。

第 11 条　本制度由 7S 推行委员会制定。

第 12 条　本制度由总经理审批通过后颁布执行。

编制日期		审核日期		批准日期	
修改标记		修改处数		修改日期	

2.3 实施 7S 活动宣传

2.3.1 7S 活动宣传方式

1. 制作 7S 宣传画、标语

企业可自制或外购一些 7S 宣传画、标语等张贴在工作现场，这样能为工作环境增添活力，而且能让员工对 7S 耳濡目染，起到潜移默化的作用。7S 活动标语和 7S 活动宣传画如图 2-6、图 2-7 所示。

2. 利用内部刊物宣传

一些较大的企业通常都有内部刊物，可利用它来对 7S 活动进行宣传。例如，经常发表领导强调 7S 的讲话、介绍 7S 知识、介绍 7S 活动的进展情况和优秀成果及 7S 活动的实施规范，推荐好的实践经验等。

借 7S 提升企业形象，借 7S 提高企业信用
推行 7S 活动，提升员工品质
7S 始于素养，终于素养
7S 做好了，才算做了
7S 是改善企业体质的秘方
7S 是一切改善活动的前提
7S 是标准化的基础
7S 是企业管理的基础
7S 是最佳的推销员
7S 是品质零缺陷的护航者
工作不能脱离实际，7S 离不开现场
坚持可视化和激励化的 7S 推行

3. 制作板报宣传

样板是提高员工认识、增进员工对活动理解的有效工具。企业可通过制作 7S 活动板报来宣传 7S 知识、展示 7S 成果、发表 7S 征文、提示存在的问题等。板报宣传实景图如图 2-8 所示。

图 2-6　7S 活动标语集

图 2-7 7S 活动宣传画

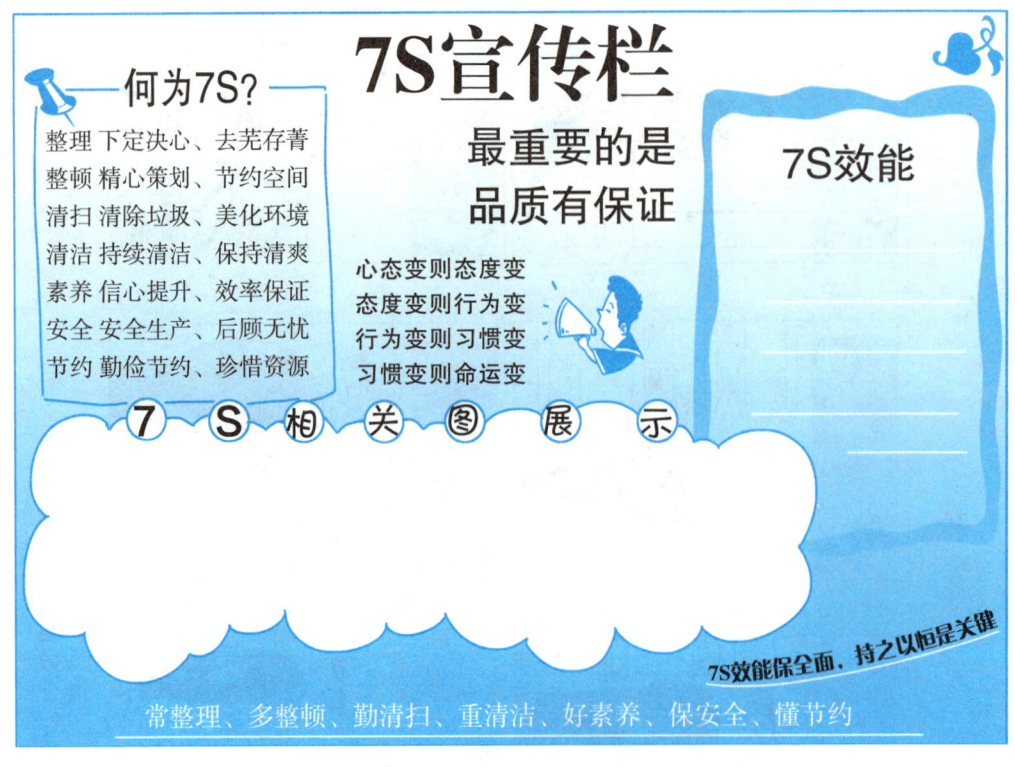

图 2-8 板报宣传实景图

○ 板报是展示管理文件的现场,各部门应该设置专门的 7S 板报。

○ 板报应设在员工或客户的必经场所,如通道、休息室附近。

○ 板报周围要求空间比较宽敞。

○ 板报制作要求美观大方、有美感,板式也可以形式多样。

○ 应定期对板报的内容进行更新和维护,如果内容长时间不变、板报破旧不堪,板报也就是失去了它应有的宣传作用。

4. 制作推行手册宣传

为了使全体员工都了解 7S 活动,企业可制定 7S 活动推行手册,使员工人手一册,通过演讲学习,使员工切实掌握 7S 的定义、目的、推行要领、实施办法、评鉴办法等。

2.3.2 7S活动宣传实施

7S推行人员在选定好7S活动宣传方式之后,就需要制定推行手册、宣传画和标语,对7S活动进行宣传,使员工通过学习,确切掌握7S的定义、目的和推行要领等。7S活动宣传实施步骤如图2-9所示。

图2-9 7S活动宣传实施步骤

◐ 召开动员大会。由7S推行人员说明推行7S活动的意义,并由各部门领导和各车间负责人表达推行7S活动的决心。

◐ 准备宣传资料。7S推行人员准备推行手册和宣传刊物,或外购或制作7S海报及标语等宣传资料,以便进行宣传。

◐ 进行宣传活动的实施说明如下:

① 在企业的各个楼层公告栏、出入口公告栏,以及各部门显著位置张贴宣传7S的海报或标语,图文并茂地介绍7S活动。

② 发放推行手册和宣传刊物前,向员工讲明推行手册和宣传刊物是否保存良好是要纳入评分项目的,丢失就要扣分,以便员工能够妥善保管并抽时间阅读。

◐ 现场巡查。各部门和车间领导应以身作则,定期或不定期地巡视宣传海报是否保持完好。

2.4 实施7S教育培训

2.4.1 制订教育培训计划

7S推行人员在实施7S教育培训之前,需要制订培训计划,培训计划主要包括培训对象、培训老师、培训要求、培训时间等内容,具体内容如图2-10所示。

◐ 确定培训对象。在制订7S培训计划之前,首先需要确定培训对象,以便推行人员针对企业内部不同类型的人员展开培训,因材施教。

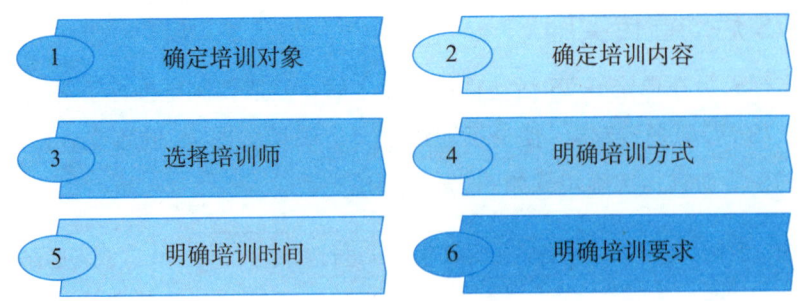

图 2-10　教育培训计划的内容

○ 确定培训内容。根据管理人员、作业人员等的不同情况,量身定做培训内容。

○ 选择培训师。选择的培训师要熟悉 7S 管理知识、7S 推行技巧、企业现状。7S 培训师可以由培训和咨询机构的人担任。

○ 明确培训方式。培训方式直接决定着 7S 的培训效果,业界通常采用讲授和现场指导相结合的培训方式进行培训。

○ 明确培训时间。7S 推行人员需要与相关人员协商确定具体的培训时间。

○ 明确培训要求。7S 推行人员需要根据企业实际情况确定培训过程中的相关要求。

2.4.2　进行 7S 教育培训

在教育培训计划制订之后,就可以实施 7S 教育培训。7S 教育培训主要包括三类人员的培训,即推行人员培训、骨干人员培训和一般员工培训。

1. 推行成员培训

7S 推行人员是活动的直接负责人,必须了解 7S 推行原理及相关知识、宣传教育方式、评审技巧和考核方法。

2. 骨干人员培训

在 7S 活动开展之初,并不是所有人都能对 7S 正确理解、有所认识,这就要求有一批骨干人员能够起到模范带头作用,协助活动的推行。因此,企业需要有意识地培养一批这样的人员。

骨干员工是那些对 7S 的基本知识和推行要领有较好认识的员工。骨干人员培训可聘请 7S 推行专家来对其进行指导培训（如图 2-11 所示）。

图 2-11　骨干人员培训实景图

3. 一般员工培训

推行成员和骨干人员可对一般员工进行培训，培训实景如图 2-12、图 2-13 所示。

图 2-12　7S 基础知识讲座培训　　图 2-13　现场讲授和示范

➲ 可通过知识讲座培训的方式，向一般员工传授 7S 知识，使其掌握 7S 的基础知识、实施方法及目标，在培训过程中应注意互动性，鼓励员工积极参与。

➲ 在对一般员工进行基础知识培训时，培训的内容要有实战性，案例要多，对具体案例进行讲解，员工听起来更亲切，用起来更容易。

➲ 对于一般员工培训还可通过现场讲授和示范的方式进行，让其准确掌握 7S 的方法，在进行现场示范时，应示范 2～3 次，确保所有员工都能明白。

➲ 在现场培训过程中，一般员工进行实操演练时，培训人员要在一旁观察，在学员操作结束后，培训人员要指出问题，并给予指导，直到一般员工完全掌握。

2.4.3　7S 教育培训考核

为了检验员工对 7S 知识的了解程度，检验其是否真正掌握了 7S 的实施方法，企业应对员工进行考核。7S 教育培训考核可采取书面考核和现场操作考核这两种方法进行。其中，现场操作考核的场景如图 2-14 所示。

图 2-14　现场操作考核

➲ 7S 教育培训考核项目和方法如表 2-3 所示。

表 2-3　7S 教育培训考核项目和方法

项目	说明	考核方法
反应层面	7S 培训课程和培训活动对员工的影响和员工的反应	问卷调查法、询问法
学习能力层面	培训结束后，员工掌握 7S 知识或技能的程度	测试题书面考核
行为层面	7S 培训活动对员工工作方式和行为产生的影响	现场考核法、观察法

➲ 在 7S 培训考核结束之后，需对考核的结果进行评价，做到奖优罚劣，为优秀员工颁发证书并通报表扬，不及格者则需进行补考至及格为止。

➲ 此外，在教育培训过程中，企业 7S 培训部门要及时总结经验教训，为下一次培训做准备。

下面是书面考核的试题，供读者参考。

一、填空题（每空1分，共18分）

1. 7S 指的是 ____、____、____、____、____、____、____。
2. 三定指的是 ____、____、____。
3. 推行 7S 的技巧有 ____、____、____、____、____。
4. 物品摆放乱属于 7S 中的 ____ 的内容。
5. 行走中抽烟、烟蒂任意丢弃是 7S 中的 ____ 问题。
6. 7S 活动的最终目的是 _____。

二、选择题（多项）（每题2分，共20分）

1. 7S 实施中，你认为贴胶带的工作需要用到以下（　）工具。
A. 尺子　　　　B. 抹布　　　　C. 小刀　　　　D. 记号笔

2. 我们对 7S 应有的态度是（　）。
A. 看别人如何行动再说　B. 认真学习　C. 应付检查　D. 积极参与行动

3. 清扫在管理中的理解是（　）。
A. 看得见的地方和看不见的地方都要认真清扫　　B. 生产效率高
C. 有空再清扫　　　　　　　　　　　　　　　　D. 清扫也是点检

4. 企业什么地方需要 7S（　）。
A. 仓库　　B. 工作现场　　C. 企业的每个地方　　D. 办公室

5. 7S 能给企业及员工带来的好处是（　）。
A. 安全有保障　B. 提高工作效率　C. 提升企业形象　D. 增加工作负担

6. 企业 7S 应如何做才能做好（　）。
A. 有计划地实施　B. 第一次有计划地大家做，以后靠干部做
C. 车间做就行了　D. 7S 是日常工作一部分，靠全体员工持之以恒地做下去

7. 承担 7S 活动成败的责任者是（　）。
A. 总经理　　B. 7S 推行委员会　　C. 班组长以上管理人员　　D. 企业全体员工

8. 成功的 7S 需要全体员工（　）。
A. 不断改进　　B. 关注细节　　C. 快速行动　　D. 事不关己

9. 成功的 7S 需要管理者（　　）。

A. 培训部下　B. 带领部下寻找问题　C. 共同研讨方法　D. 关注推行进度

10. 下列情况属于安全隐患的是（　　）。

A. 电源插座无标识　　　　B. 电灯开关无标识

C. 电源线破损　　　　　　D. 消防器材未定期检查

三、判断题（对的打 √，错的打 ×，每题 1 分，共 10 分）

1. 这些物品是什么，保管员清楚就行，标示与否没关系。（　　）

2. 企业与全体员工必须永远抱着要推行 7S 的心态。（　　）

3. 7S 竞赛等活动中所执行的奖惩只是一种形式，而团体的荣誉与不断进步才是最重要的。（　　）

4. 责任者应每日认真执行逐一点检工作，主管人员要做不定期的复查。（　　）

5. 节约是对整理工作的补充和指导，在企业中秉持勤俭节约的原则。（　　）

6. 7S 活动是一种持之以恒的项目，不能坚持的话，7S 活动难以成功，若能脚踏实地地加以改善，7S 活动将逐见功效。（　　）

7. 企业推行 7S 活动与人事部门无关。（　　）

8. 开展 7S 活动之前，应进行 7S 培训和教育，以及舆论宣传活动。（　　）

9. 推行 7S 活动是一个运动，如果平时工作比较忙，只要在检查时收拾干净就行了。（　　）

10. 素养是指通过相关宣传、教育手段，提高全体员工文明礼貌水准，促使其养成良好习惯，遵守规则，并按要求执行。（　　）

四、简答题（1、2 题每题 6 分，3 题 8 分，共 20 分）

1. 整顿的目的是什么？

2. 请说出 7S 中"清洁"的定义。

3. 何谓目视管理？

五、简述题（每题 10 分，共 20 分）

1. 员工（干部）在 7S 管理中有哪些责任？

2. 整理的日常维护如何进行？

六、论述题（12分）

说说你在今后的工作中要如何做好 7S？

2.5 建立 7S 活动样板区

2.5.1 确定 7S 活动样板区

在推行 7S 活动时，首先应选定一个样板区，例如，一个车间、一个班组或者一个部门，选择样板区是要在企业范围内找到一个突破口，并为大家创造一个可以借鉴的样板。在选择 7S 活动样板区时，应注意如图 2-15 所示的事项。

1	选择硬件条件差的区域	3	选择责任人改善意识强的部门
2	选择改善难度大的部门	4	选择具有代表性的部分

图 2-15　7S 活动样板区选择的注意事项

● 如果选择一个硬件条件好的、改善难度不大的车间或部门，短期内的 7S 活动很难创造出令人信服的成果，其结果也很难具有视觉冲击力。

● 如果选择一个硬件条件差、改善难度大的车间或部门，通过短期集中的 7S 活动，可以使管理现场得到根本的改变，特别是一些长期脏、乱、差的地方，将得到彻底的改善，这会对员工产生巨大的视觉冲击，使样板区真正发挥作用。

● 在选择 7S 活动样板区时，还应考虑所选择的样板区是否具有代表性，其现场中所存在的问题是否具有普遍性。只有这样，改善的效果才有说服力，才能被大多数人认同和接受。不然很难达到预期效果，也不能给其他部门提供示范作用。

● 要想样本区的 7S 活动在短期内见效，就要选择改善意识比较强的负责人，否则，再好的愿望都有可能落空。

2.5.2 开展样板区 7S 活动

在选定样板区后，就需要根据样板区的具体情况实施 7S 活动，样板区 7S 活动实施程序如图 2-16 所示。

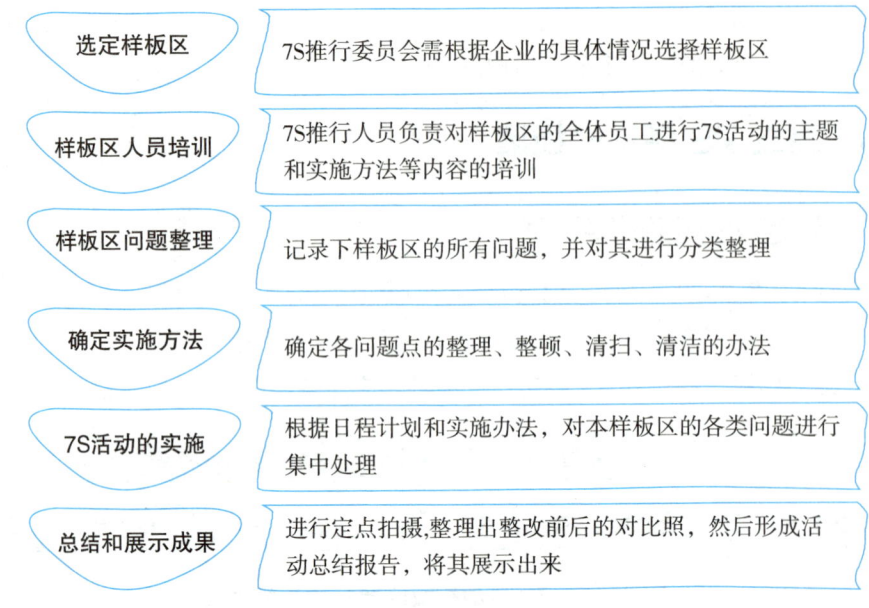

图 2-16　样板区 7S 活动实施程序

🌑 一旦决定开展样板区的 7S 活动，就要全力以赴，争取在短期内取得成效，否则整个活动计划都将受到影响。

🌑 在开展样板区 7S 活动时，全体员工都要参与，并在不耽误日常工作的情况下进行。

🌑 对于开展 7S 活动的样板区需要悬挂 "7S 活动样板区" 的标牌。

2.5.3　样板区活动效果宣传

为了使样板区的 7S 活动成果成为企业 7S 活动的风向标，企业可组织相关人员对样板区进行参观，以让企业内部更多人了解样板区的改善成果，同时也让企业领导表示出对样板区活动成果的认同和对 7S 活动的支持。参观 7S 活动样板区的场景如图所示。

● 准备好被参观样板区需要进行重点介绍的事项,在现场对改善事例进行介绍。

● 指定改善事例解说的员工,并按要求做好解说准备。

● 参观人员分组时,注意在每一个小组内均安排企业高层参与。

● 企业领导应该对成果表示关注和肯定,积极参与样板区的参观活动,在各种场合表达对改善成果的赞许。

2.6 全面推行 7S 活动

2.6.1 责任区域划分

7S 活动责任区域划分,是指将企业的工作场所划分成若干区域。对 7S 活动进行责任区域的划分,然后确定各个区域在 7S 活动推行中的负责人,并规定其相关职责,可有效地确保 7S 活动的推行。7S 活动责任区域分布图如图 2-17 所示。

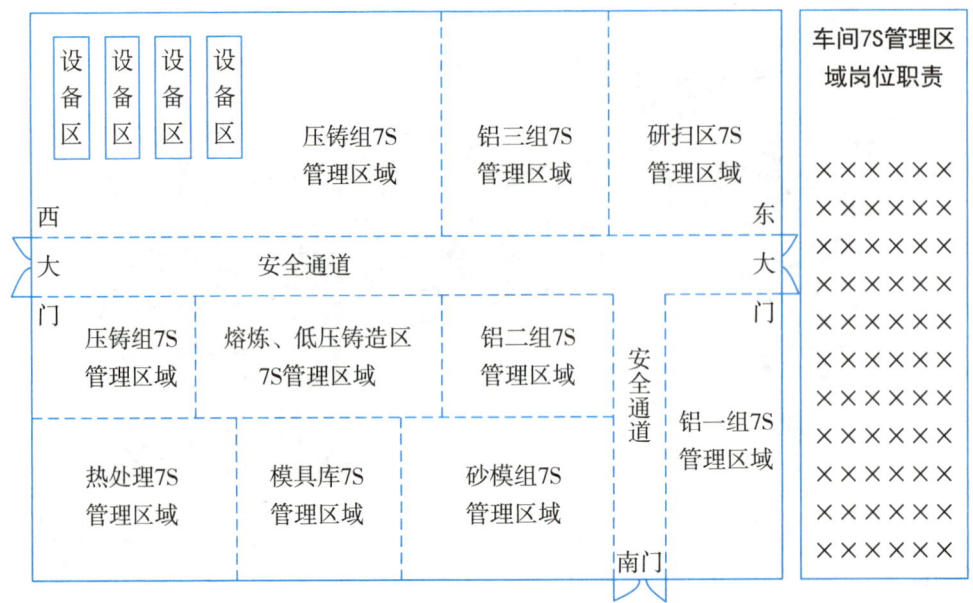

图 2-17　7S 活动责任区域分布图

⊃ 7S 管理刚开始的时候，因为都在摸索着前进，许多事情都在改变，因此明确责任人比较困难，不排除会出现扯皮现象。

⊃ 但是在 7S 活动开展一段时间之后，7S 岗位责任人就基本可以明确，设置"专人有专区"，就可以让"事事有人管"，7S 活动就能够有效实施，管理成果才能够维持下去。

进行 7S 活动责任区域划分，可以激励各区域做好 7S 活动。7S 活动责任区域划分的步骤如图 2-18 所示。

⊃ 召开会议讨论。7S 活动委员会组织各部门负责人召开会议，共同讨论建立 7S 活动区域责任制的相关制度和实施要求、方法，并划分出各部门的责任区域。

⊃ 开展划分工作。根据初次讨论的结果，各部门负责人负责将本部门划分为若干区域，并确定各区域的负责人。

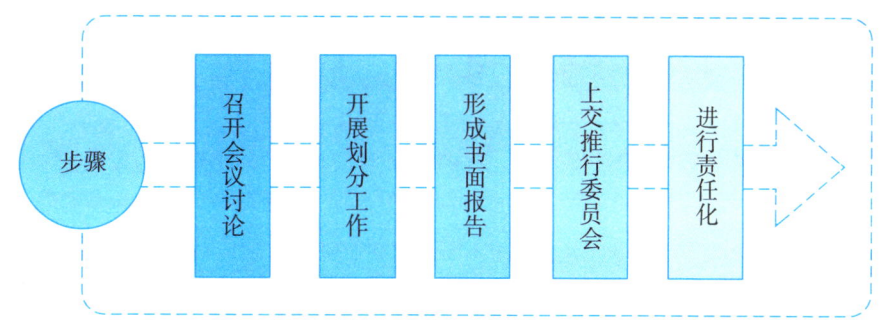

图 2-18　7S 活动责任区域划分的步骤

○ 形成书面报告。各部门负责人将区域划分的结果和各区域负责人名单，形成书面报告。

○ 上交推行委员会。各部门负责人将区域划分书面报告上交 7S 活动推行委员会审核。

○ 进行责任化。区域划分的结果和各区域负责人名单审批通过后，推行委员会需要明确各部门、各区域负责人的责任和要求，以便使各区域的职责责任化。具体责任化的表现形式如下所示。

① 在 7S 活动管理中，可用区域责任标识来规定各区域责任人的工作。

② 可用区域责任表的形式规定活动的区域、周期、完成任务情况等。

2.6.2　领导支持

领导的重视和支持是确保 7S 活动的关键，如果领导故意推诿，或爱理不理，7S 活动自然是不会成功的。领导的支持绝不是停留在口号上，而是要采取实实在在的行动，具体行动如图 2-19 所示。

当领导不理解 7S 活动时，7S 推行人员需要争取领导支持，具体如何争取呢？

○ 认真做好 7S 活动计划及 7S 活动组织准备工作，以实际行动来争取领导的支持。

○ 充分做好事前调查研究，着重在 7S 活动的利弊上做好分析准备，以便领导进行决策。

1. 组织在内部刊物、宣传栏进行宣传，声势浩大的气势将使得各种阻力大幅减少，对7S活动的推行非常有益

2. 提供相应的资金和物资支持，调动内部各种力量为7S活动的推行服务

3. 在公司调度会议、工作会议上不断强调7S管理的重要性，提高员工的重视程度

4. 尽量出席推行委员会会议，与推行人员一起参加7S活动的评比

5. 对好的部门给予称赞，差的部门给予批评与督促，提升员工开展7S活动的激情和动力，促进其后进员工和后进部门仿效和跟进

图 2-19　领导支持的具体行动

➲ 做好汇报，确保领导对实施情况能够及时准确地掌握，以便及时提供必要的支持。

2.6.3　全员参与

开展 7S 活动最有效的方法就是全体员工积极参与。企业要想全员真正地参与 7S 活动，可通过各种方法来调动。常见的方法如下所示。

➲ 企业要通过各种丰富多彩的活动，如利用各种宣传工具或开展多种形式的活动，来激发员工的参与热情。

➲ 企业推行委员会人员可组织开展动员大会，让全体员工共同学习 7S 活动的相关实施办法和推行手册等，以便员工了解 7S 活动，调动员工的积极性。动员大会实景如图 2-20 所示。

➲ 企业可组织开展 7S 活动推行动员大会，以便表明企业的推行态度和力度，提高全员的重视程度和参与热情。

➲ 在推行过程中，7S 活动的各阶段都须向每个人分配明确的任务和职责，由

员工亲自去落实 7S 职责和完成 7S 任务，以便有效地参与到 7S 活动当中。

图 2-20 员工动员大会实景图

● 将 7S 活动与员工的所有工作和管理实际相结合，以便有效地参与 7S 活动。

2.6.4 现场巡查

为了确保 7S 活动得到有效落实，杜绝员工光说不练，企业领导、7S 推行人员及各部门负责人需对 7S 落实的情况进行现场巡查。现场巡查方法如图 2-21 所示。

巡视	检查
巡视是指7S推行委员会在各个工作场所巡查，并指出有关7S活动的问题	检查是由上而下的检查，由厂领导来检查车间，车间的领导检查班组，班组再检查个人
自检	互检
把相应的评估表发到员工个人手上，员工定时或不定时地依照评估表来自我审查	互检就是班组内部员工依据评估表格相互检查，然后填写检查结果

图 2-21 现场巡查方法

⊃ 要根据 7S 评分表对各个区域进行检查，检查表要规范。

⊃ 检查应给出成绩或分数，评出了分数，要与激励相结合，并辅之以相应的物质鼓励，例如，工资的增加或荣誉的授予。

⊃ 通过自检可以发现个人在 7S 工作方面的不足之处，及时加以改善。

⊃ 互检的过程既可以发现被检查者的不足之处，又可以发现被检查者的优点以及和本人工作的差距，然后认真进行学习与改进。

⊃ 7S 活动主要体现在这种自主和自觉的评价上，检查评估应逐步由上到下地进行，然后过渡到互检和自检的阶段，由应付检查的心态转变成竞争和相互评比。

2.7 开展 7S 评比考核

2.7.1 制定评比考核标准

为了确保 7S 评比考核有标准可依，也为了使考核具有公平性，7S 推行委员会需事先制定一定的评分标准，而且这一标准要让全体员工了解，以便在考评时能做到心服口服。

1. 考核评分标准分类

对生产企业而言，7S 的考核评分标准有两种：一种是用于生产现场的考核评分标准，适用于车间、仓库等一线部门；另一种是办公区域的考核评分标准，适用于办公室等非生产一线的工作场所。

2. 考核评分标准内容

考核评分标准的内容可按照整理、整顿、清扫、清洁、素养、安全和节约等 7 个方面来制定，也可以根据所在地方的布置情况来进行设计。

3. 编制考核评分表

在确定考核评分标准分类和内容之后，需要编制考核评分表。由于每一家企业的性质不同，为了达到 7S 评比考核的要求，考核评分表的设计最好是量身定做。同时，在设计时还需要遵循如图 2-22 所示的要求。

◎ 绝对不能一张表打通关，因为，用这种类似平等的评分方法，很容易使这项活动不了了之，所以要依据企业内各单位的性质予以不同的评分内容与标准

◎ 将有关部门所希望达到的目标或方向作为考核的内容，让他们知道，企业就是希望他们达到这些目标或方向，如此各单位能相对集中到企业所要求的方向上

◎ 在编制考核表时，要考虑不同企业的实际情况和生产特点，力求内容全面

图 2-22　编制考核评分表要求

表 2-4 和表 2-5 是某企业的厂区和办公区的考核评分表实例，各企业可在此基础上略加修改而形成自己的考核评分表。

表 2-4　厂区 7S 考核评分表

序号	项目	考核内容	分值	评分	扣分理由
1	现场区域	◆现场区域进行合理的划分，并画线定位 ◆现场各区域有明确的标识 ◆现场存放的物品与区域标识一致			
2	仓库厂房	◆仓库厂房内物流通道、安全通道畅通无阻 ◆仓库厂房内地面干净，无油污、无水渍 ◆仓库厂房墙壁、立柱上无乱贴、乱画痕迹 ◆仓库厂房窗户、天花板干净，无灰尘、蜘蛛网等			
3	物料	◆仓库的货架按规定进行摆放，并放置相应标识 ◆物料按定置图进行定置摆放，并摆放整齐 ◆物料有标志并且标志明确 ◆物料摆放在规定的专用或通用容器上 ◆物料清洁、无灰尘、无蜘蛛网 ◆仓库和生产现场无损坏、变质和不合格的物料			

续表

序号	项目	考核内容	分值	评分	扣分理由
4	作业台	◆作业台清洁、无沉积、无油污 ◆作业台上的物品按规定位置摆放 ◆作业台上物品摆放整齐、无杂物			
5	工具箱	◆工具箱内的物品按要求摆放整齐，取用方便 ◆工具箱内的物品与规定摆放的物品相符 ◆工具箱干净整洁，无损坏、无杂物			
6	机械设备	◆机械设备没有损坏或松动 ◆机械设备按规定位置存放 ◆机械设备干净、无积尘、无杂物、无漏油现象			
7	管线	◆各种管线种类清晰，并进行了清晰的标识 ◆各种管线无跑、冒、滴、漏等损坏或连接松动 ◆各种管线整齐放置，管线上无脏污			
8	生活设施	◆更衣室整洁无脏污 ◆更衣室内物品按规定位置有序摆放 ◆卫生间清洁，无异味 ◆洗手池清洁，无异味、污垢等 ◆卫生间无杂物 ◆清洁用具放于指定位置			
9	现场人员	◆员工现场无打闹现象，举止文明 ◆员工说话有礼貌，语言文明 ◆遵守工艺规程，按操作规程进行操作 ◆按规定佩戴劳动用品			
10	垃圾清运	◆垃圾箱放置于规定的位置 ◆各类垃圾放置于指定的垃圾箱内 ◆垃圾箱内的垃圾在限定的范围内			

表 2-5 办公区 7S 考核评分表

序号	项目	考核内容	分值	评分	扣分理由
1	区域规划	◆办公区域规划合理，各办公室有明显的标识 ◆各办公室内部的工位、办公设施等安排合理 ◆办公区域内无不需要的物品			

续表

序号	项目	考核内容	分值	评分	扣分理由
2	办公室空间	◆办公室地面干净、无垃圾、无污渍 ◆垃圾桶内的垃圾未超过限度 ◆办公室门窗干净、无灰尘、无蛛网 ◆人走后，门窗要全部关闭			
3	办公桌	◆办公桌无非必需品，且干净整洁 ◆办公桌上的物品摆放整齐，井然有序 ◆办公桌抽屉内物品按使用频率分层摆放整齐 ◆私人物品与办公用品分开且摆放整齐			
4	办公椅	◆办公椅保持干净、无污迹、灰尘 ◆下班后，办公椅推至桌下，且紧挨办公桌放置 ◆椅背上不摆放衣服和其他物品			
5	文件柜	◆柜面、柜内、柜上下都要干净、无灰尘 ◆柜内文件须摆放整齐，并且分类摆放 ◆柜内文件实施定位化管理			
6	办公设备	◆办公设备要保持干净，无灰尘、无污迹 ◆办公设备的电源线等线路不凌乱 ◆办公设备在不用时要关闭 ◆各类办公设备损坏时要及时维修			
7	办公人员	◆按规定穿工作服、佩戴工作证 ◆办公人员工作态度良好、无违纪现象			
8	其他	◆管理看板定期整理和更新，且保持干净整洁 ◆报架上的报纸要摆放整齐 ◆办公室的盆景需保持新鲜			

2.7.2　7S 评比考核实施

　　7S 评比考核的实施可以有效检验各部门 7S 活动是否有效推行，以及推行的效果是否达到要求。

1. 评比考核的范围

评比考核的范围一般以部门为单位，较大的部门也可根据需要以部门内的一个班组或一个区域作为一次评比与考核的范围。

2. 确定评比考试组

评比考核组一般由 3～5 名人员组成，其中设组长一名，评比考核组成员可以是推行委员会的人员、部门的负责人及员工代表，但是被评比考核的人员不能进入评比考核组。

3. 评比考核频率和方法

评比考核需每天进行日常检查，而每周现场检查的结果会作为每周评比的依据，月末则将每周考核的结果进行汇总再次进行评比。检查频率和方法的具体说明如表 2-6 所示。

表 2-6 检查频率和方法的具体说明

方法	频率	具体说明
日常检查	每天一次	7S 评比考核组每天不定时对企业所有区域检查一次，并将检查到的问题点拍照整理后公示，对检查到的问题点数量进行汇总统计
每周检查	每周一次	每周末评比考核组听取现场工作人员实地介绍 7S 活动问题的改善情况和改善心得，并按评分标准进行实地检查，由评比考核组直接评价被评比考核部门的 7S 活动所取得的成绩和存在的不足

4. 7S 活动奖惩

7S 评比考核结束后，对于 7S 活动存在不足的部门，可向其发出 7S 活动整改表要求限制整改，整改不到位的，可进行适当的惩处；对于 7S 活动做得很完善到位的部门，可颁发优秀流动红旗进行表彰。

5. 评比考核总结

7S 推行委员会可通过召开评比考核总结会定期对 7S 评比考核情况进行了解，以便对 7S 活动实施不到位的地方进行总结，并提出相应的改进意见。7S 评比考核总结会可定期举行，主要包括周会议和月度会议，这与周评比和月评比相对应。

3.1 整理的基础知识

3.1.1 整理的含义

整理是指区分需要与不需要的物品,再对不需要的物品加以处理。其具体含义如图 3-1 所示。

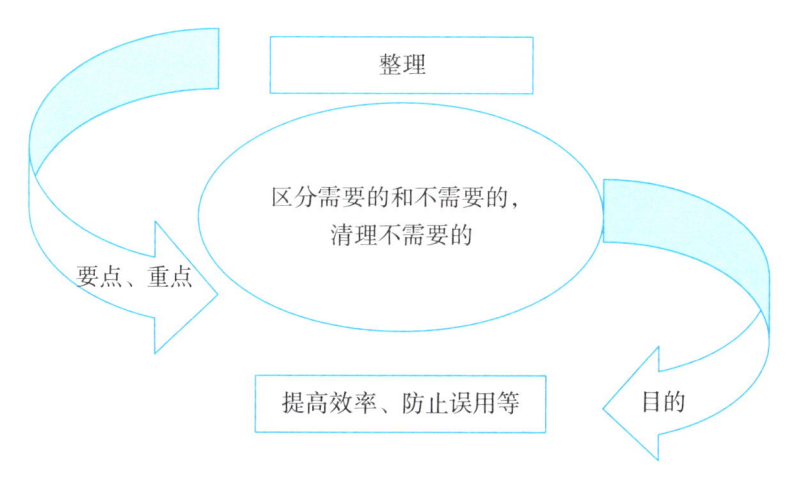

图 3-1 整理的含义

- 整理的要点是对工作现场摆放和停置的各种物品进行分类,区分什么是现场需要的,什么是现场不需要的。
- 整理的重点在于把现场不需要的东西清理掉,使现场无不用之物。
- 整理的目的是使现场无杂物,过道通畅,从而提高工作效率;防止误用、误送;保障生产安全;消除浪费;营造良好的工作环境等。

3.1.2 整理的对象

整理的对象包括现场的无使用价值的物品、不使用的物品、造成生产不便的物品、滞销产品等,具体如表 3-1 所示。

表 3-1　整理的对象

对象	内容举例
无使用价值的物品	◆损毁的钻头、磨具、刀具、刃具等器具 ◆不能继续使用的手套、夹具、垃圾桶、包装箱 ◆损毁的或精度不准且无法修复的千分尺、天平等测量器具 ◆过期及变质物品、垃圾、废品 ◆过期的报表、看板、资料和档案
不使用的物品	◆已停产产品的零件、原材料和半成品 ◆无保留价值的试验品、样品 ◆生产产生的边角料、切屑 ◆多余的办公座椅、设施、用品
造成生产不便的物品	◆取放物品不便的包装箱、包装盒 ◆通道上放置的物品
滞销产品	◆已经过时的产品 ◆因产品品质问题不能销售的产品 ◆生产过剩产品

3.1.3　整理的实施步骤

在整理活动中，各车间和部门首先应进行全面的现场检查，然后制定合理的标准，将物品分为必需品和非必需品，并按规定处理非必需品，最后在工作中进行循环整理，形成良好习惯。其具体步骤如图 3-2 所示。

制定标准 → 现场检查 → 物品判定
循环整理 ← 处理非必需品 ← 确定非必需品

图 3-2　整理的实施步骤

⊃ 根据现场工作内容、物品本身的状况等制定必需品与非必需品的判定标准。

⊃ 工作现场必须进行全面检查，无论是看得见的地方还是看不见的地方，尤其要检查设备内部、文件柜顶部、桌子底部等不易检查到的部位。

⊃ 7S 活动实施人员在对物品进行判定时，需要注意以下两点：

① 需要根据物品的重要性和使用频率进行判定。

② 不能持有"以防万一"的心态，持有这种心态，只会让工作现场变得凌乱。

⊃ 处理非必需品时应先按使用价值对物品进行分类，然后进行处理。

⊃ 整理贵在"日日做、时时做"，如果只是偶尔突击一下，做做样子，那样整理就失去了意义。

3.1.4 整理的注意事项

开展整理活动，不是简单地扔掉物品，而是制定合理的标准，保留需要的物品，清理不需要的物品，使现场干净整洁。开展整理活动时应该遵循如图 3-3 所示的几点注意事项。

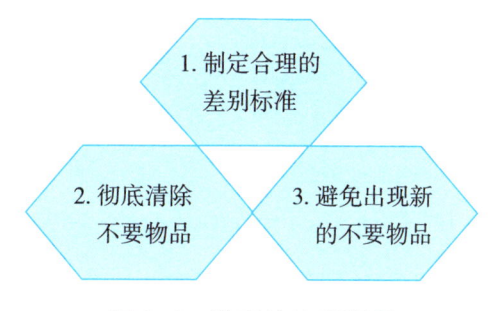

图 3-3 整理的注意事项

⊃ 开展整理活动的关键在于制定合理的判定标准。整理的两个重要标准如表 3-2 所示。

表 3-2 整理的两个重要标准

标　准	说　明
"要与不要"的判别标准	判别各个区域需要哪些物品不需要哪些物品
"处理不用物品"的标准	首先分辨不用物品有无使用价值，再根据其具体使用价值判别不用物品应如何处理

◯ 彻底清除不要物品，不仅指要仔细清理所有区域，还指要用挑剔的目光审视物品，大胆进行清理。

◯ 企业在生产过程中，通过限额领料、及时将多余原料退回库房、不生产计划外产品、提高产品质量、采用先进作业方法等措施，避免出现新的不要物品。

3.2 整理的方法技巧

3.2.1 现场检查：确认不要物品

现场检查是进行整理的第一步，只有检查确认出不要物品，才能对不要物品进行处理。在进行现场检查整理时，可以采用如图 3-4 所示的方法。

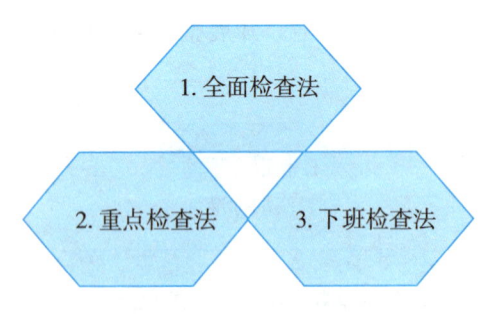

1. 全面检查法
2. 重点检查法
3. 下班检查法

图 3-4　现场检查方法

◯ 检查时，无论看得见的地方还是看不见的地方都要进行检查。

◯ 可以针对不同的情况合理地选用不同的方法进行检查。

◯ 这三种方法不仅可以应用于 7S 整理的检查，还可用于 7S 其他阶段的检查工作中。

◯ 现场检查对象包括办公区域、生产现场、仓库空间和办公区域外的设施及物品。

①办公区域：办公桌、办公抽屉和文件柜，以及办公场所的相关设施和设备等。

②生产现场：机械设备工具、半成品、成品、不良品及原辅材料。

③仓库空间：物料、储存柜，以及货架、标识牌等。

④办公区域外：绿地和通道等。

3.2.2 合理判定：要与不要物品

1. 物品判定标准

检查完现场之后，管理人员要对现场的物品进行区分，区分出必需品和非必需品。企业可根据物品使用频率进行判定，物品判定标准如表 3-3 所示。

表 3-3　物品判定标准

序号	使用频率	分类（区分）	处理方法
1	1 年连 1 次也不使用	非必需品（不要物）	废弃、放置仓库
2	6 个月至 1 年内使用 1 次	非必需品（不急用物）	放置远处
3	1 个月使用 1 次左右的	非必需品（不急用物）	集中放置
4	1 周使用 1 次以上的	必需品	集中放置、放在操作范围内
5	每天使用 1 次以上的	必需品	放在操作范围内
6	每小时都使用的	必需品	随身携带

- 对于物品的判定不是根据物品的好坏来判定，而是根据物品的使用频率来进行。
- 还需要根据使用频率来妥善保管物品。
- 对于闲置超过 1 个月的物品，必须清出工作现场。
- 属于非必需品的物品如下所示：

①有用但多余，属于非必需品；②有用但不急用，根据频率判定原则，属于非必需品；③客观不需要而主观想要的物品，属于非必需品。

2. 物品判定流程

7S 活动实施人员在进行物品判定时，需在现场分辨有用及不用的物品，然后将不用的物品清理出去。物品判定流程如图 3-5 所示。

- 对于办公抽屉内的物品，可先将抽屉倒空，然后再从倒出来的东西中寻找有用的物品往抽屉内摆放。
- 可将整理出来的无用物品暂时放置在整理箱内，以便进行后期处理。

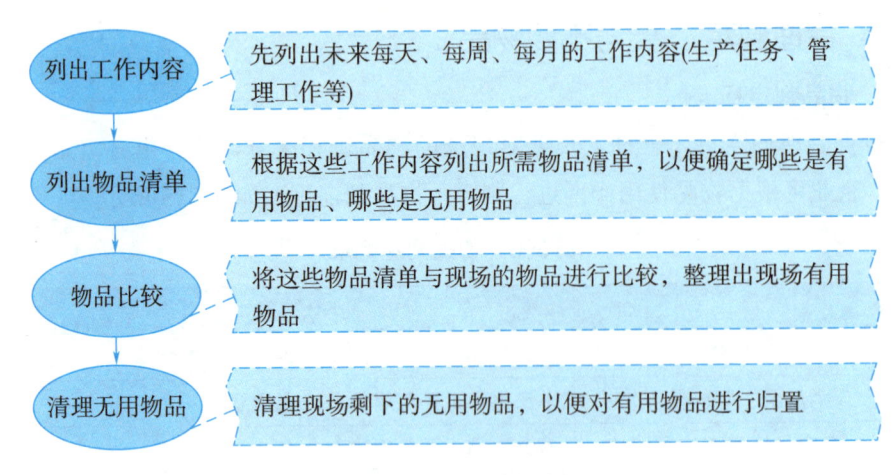

```
列出工作内容 → 先列出未来每天、每周、每月的工作内容(生产任务、管理工作等)
列出物品清单 → 根据这些工作内容列出所需物品清单，以便确定哪些是有用物品、哪些是无用物品
物品比较 → 将这些物品清单与现场的物品进行比较，整理出现场有用物品
清理无用物品 → 清理现场剩下的无用物品，以便对有用物品进行归置
```

图 3-5　物品判定流程

⊃ 将现场不需要的物品清理掉并不是一定要将其当垃圾卖掉，也可将其拿出现场，放到仓库里面存放。

3.2.3　定点拍摄：记录现场现状

1. 定点拍摄说明

定点拍摄是指在现场发现问题时，从某个固定的角度对现场进行拍摄的一种方法。7S 活动人员在进行现场检查的同时，需要进行定点拍摄，以便记录现场状况。定点拍摄的具体说明如图 3-6 所示。

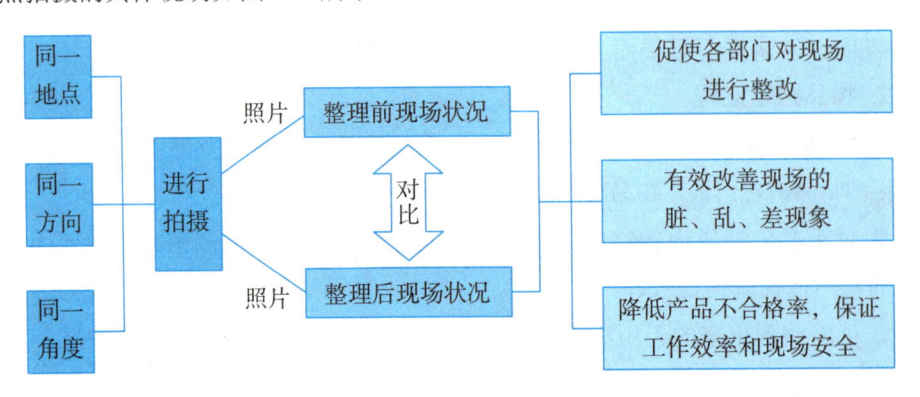

```
同一地点
同一方向  → 进行拍摄 → 照片 → 整理前现场状况 ┐
同一角度                            │对比→ 促使各部门对现场进行整改
                   → 照片 → 整理后现场状况 ┘    有效改善现场的脏、乱、差现象
                                            降低产品不合格率，保证工作效率和现场安全
```

图 3-6　定点拍摄的具体说明

- 定点拍摄是指在同一地点、同一方向、同一角度，将现场的死角和不符合7S要求的地方用摄像机拍摄下来。
- 将拍下的状况整理成照片，公布在大家都能看见的地方，以便激励员工进行改善。
- 7S活动人员可对活动后的结果进行再次拍摄并公布展示，与活动前的情况进行对比，以此评估改善的成果。

2. 定点拍摄类型

用于对比的定点拍摄可以分为两类：一是纵向对比，二是横向对比，具体如图3-7所示。

纵向对比

整理前　　　　　　　　　　　　　　整理后

横向对比

半成品生产车间　　　　　　　　　　成品组装车间

图3-7　纵向对比与横向对比实景图

➲ 纵向对比是将同一单位或部门整理前的现场照片和整理后的现场照片放在一起进行对比。然后再对这些变化进行比较、分析，以显示改善成果，提升本部门的自信心。

➲ 横向对比是不同部门的横向比较，对设备类似、场地类似，但现场状况不同的部门车间进行定点拍摄与对照，以便对较差部门造成压力，促使这些部门做出整改。

3.2.4 红牌作战：标识不要物品

1. 红牌作战说明

红牌作战，是用 B5 大小、红色的纸制成问题揭示单（如图 3-8 所示），用来标识不要物品和现场存在的问题，以便进一步整改、处理，推动完成整理工作。红牌作战的实景图如图 3-9 所示。

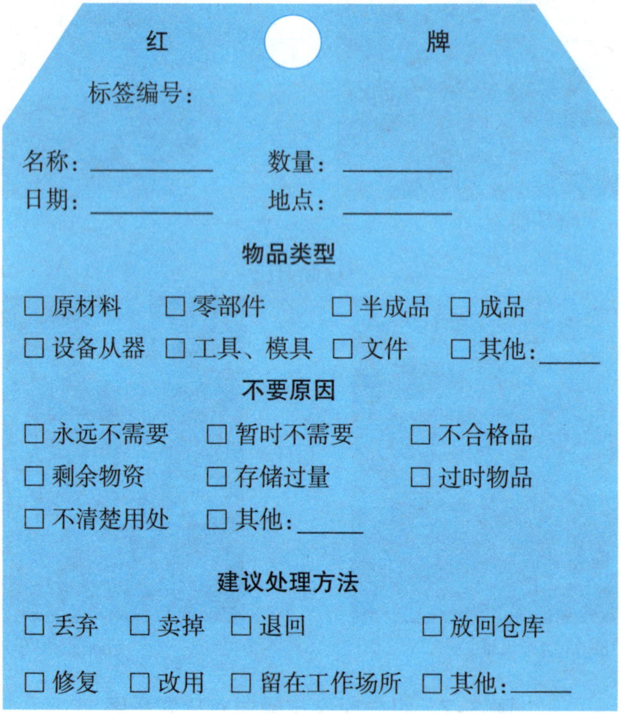
红　　　牌

标签编号：

名称：__________　　数量：__________

日期：__________　　地点：__________

物品类型

☐ 原材料　☐ 零部件　☐ 半成品　☐ 成品

☐ 设备从器　☐ 工具、模具　☐ 文件　☐ 其他：_____

不要原因

☐ 永远不需要　☐ 暂时不需要　☐ 不合格品

☐ 剩余物资　☐ 存储过量　☐ 过时物品

☐ 不清楚用处　☐ 其他：_____

建议处理方法

☐ 丢弃　☐ 卖掉　☐ 退回　☐ 放回仓库

☐ 修复　☐ 改用　☐ 留在工作场所　☐ 其他：_____

图 3-8　问题揭示单

图 3-9　红牌作战的实景图

🔴 红牌作战的对象主要包括不合格的产品、呆滞的物料、毁损的设备、混乱的作业（办公）台等。

🔴 在企业的实际工作中，红牌可以分为两种：一种是只寻找不要物品的红牌，另一种是发现企业的各种问题的红牌。选择哪一种红牌，企业可根据具体情况来确定。

🔴 红牌的内容包括物品类别、品名、数量、理由、处理部门、处理方式和日期。

🔴 在制作红牌时，可使用红色纸、红色胶带，也可用自粘贴纸重复使用，以及红色圆形贴纸等。

2. 红牌作战实施步骤

7S 推行人员开展红牌作战，首先应制定合理的实施方案，然后严格按照方案进行检查、挂牌，最后待有关部门实施整改之后进行复查、总结。其实施步骤如图 3-10 所示。

🔴 检查要严格，用挑剔的眼光看，毫不留情地挂红牌。

🔴 挂红牌时，要说明挂红牌的理由，理由要充分，红牌要挂在引人注目的地方。

🔴 小问题不挂红牌。比如垃圾、地上水渍、设备上少许灰尘等可以马上整改的问题。

🔴 对挂上红牌的物品，要约定整改期限，以及时对其进行后续的处理。

🔴 主管领导应支持和指导工作的全过程。

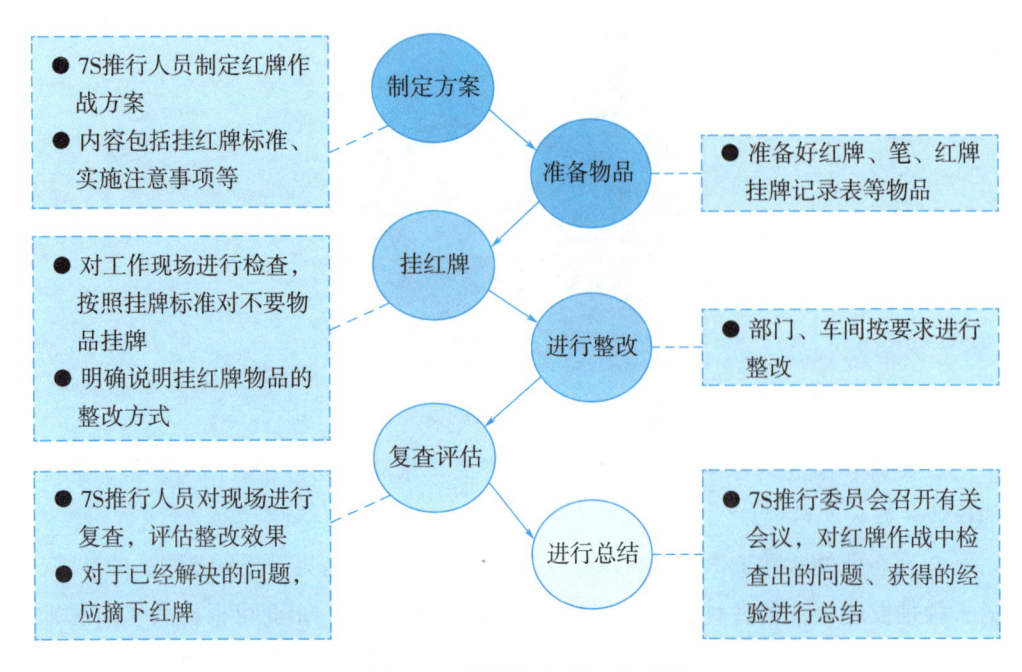

- 7S推行人员制定红牌作战方案
- 内容包括挂红牌标准、实施注意事项等

制定方案

准备物品
- 准备好红牌、笔、红牌挂牌记录表等物品

挂红牌
- 对工作现场进行检查,按照挂牌标准对不要物品挂牌
- 明确说明挂红牌物品的整改方式

进行整改
- 部门、车间按要求进行整改

复查评估
- 7S推行人员对现场进行复查,评估整改效果
- 对于已经解决的问题,应摘下红牌

进行总结
- 7S推行委员会召开有关会议,对红牌作战中检查出的问题、获得的经验进行总结

图 3-10　红牌作战的实施步骤

3.2.5　寻宝活动：发现遗漏的不要物品

寻宝活动，是指在整理阶段后期，找出前期工作中未被及时发现的，或暂时被作业人员藏在或遗忘在某个角落的不要物品。

1. 寻宝活动规则

寻宝活动要顺利进行，首先需要制定一定的规则，具体的规则如下所示：

- 在寻宝活动宣传过程中，7S 推行委员会应对各部门展开培训。
- 寻找的重点是整理工作容易忽视的地方。
- 只寻找不要物品，不追究遗漏责任。
- 找到越多的不要物品，奖励越高。
- 交叉互换区域寻宝，便于更多地发现不要物品。
- 对有争议的物品，应由 7S 推行委员会裁决。

2. 寻宝活动实施程序

企业开展寻宝活动，首先应制订详细的活动计划，然后开展宣传工作，进行寻宝，再对清理出的物品进行分类、处理。其实施程序如图 3-11 所示。

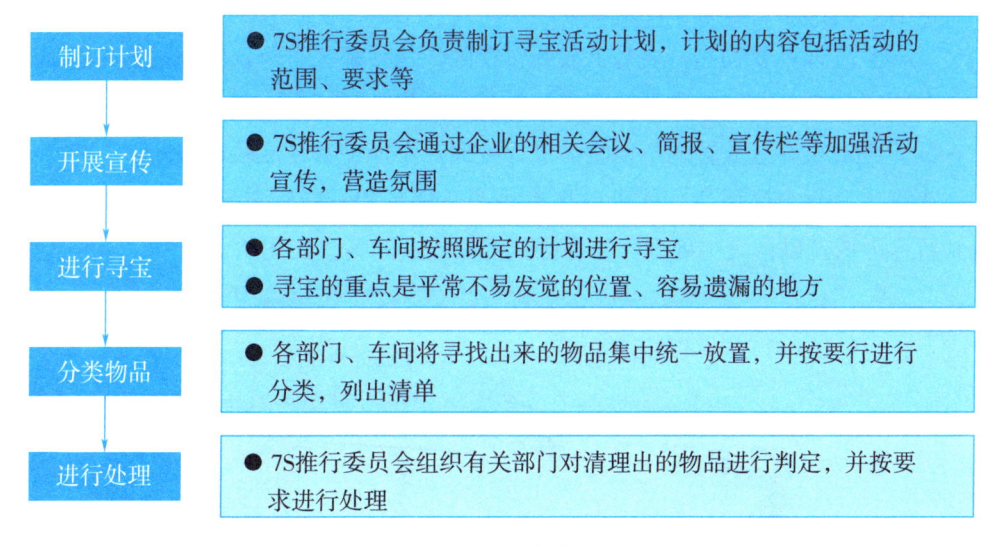

制订计划	● 7S推行委员会负责制订寻宝活动计划，计划的内容包括活动的范围、要求等
开展宣传	● 7S推行委员会通过企业的相关会议、简报、宣传栏等加强活动宣传，营造氛围
进行寻宝	● 各部门、车间按照既定的计划进行寻宝 ● 寻宝的重点是平常不易发觉的位置、容易遗漏的地方
分类物品	● 各部门、车间将寻找出来的物品集中统一放置，并按要行进行分类，列出清单
进行处理	● 7S推行委员会组织有关部门对清理出的物品进行判定，并按要求进行处理

图 3-11　寻宝活动的实施程序

企业开展寻宝活动过程中，还需要做好以下工作：

- 一定要约定好寻宝的标准，以避免寻宝人员和被寻宝部门产生分歧。
- 确定集中摆放的场所，用以集中摆放不要物品。

◐ 寻宝活动要在短期内突击完成，因此一定要约定一个时间期限。

◐ 寻宝寻出的物品需要调查其出处，要获得使用部门的确认，确保其确实是不需要的。

3.2.6 设定区域：暂存不要物品

1. 设定暂存区域

暂存区域是暂时存放不要物品和不能确定是否需要的物品的场所，在整理工作中，推行人员需设置暂存区暂时放置不要物品，以进一步对其进行处理。设定暂存区的要求如下所示：

◐ 暂存区要设置在比较宽敞、较为明显的地方。

◐ 暂存区域的设置应不影响日常工作和搬运。

◐ 暂存区用红色胶带在地上进行标识。

◐ 一旦发现不要物品，要马上放到暂存区，包括那些有争议的待定物品。

◐ 对于放到暂存区的物品，不必马上考虑如何处理。

◐ 定期对暂存区放置的不要物品进行处理，不能使其摆放较长时间。

在设定好暂存区域后，就可以将那些不要物品和不能确定是否需要的物品放置到暂存区域，以便集中处理。暂存区域物品放置的场景如图所示。

2. 暂存区物品处理

在暂存区存放的物品，可能一部分是可再利用物品，一部分是无用物品，还有一部分是不确定是否有用的物品。对于这些物品的处理方法如图 3-12 所示。

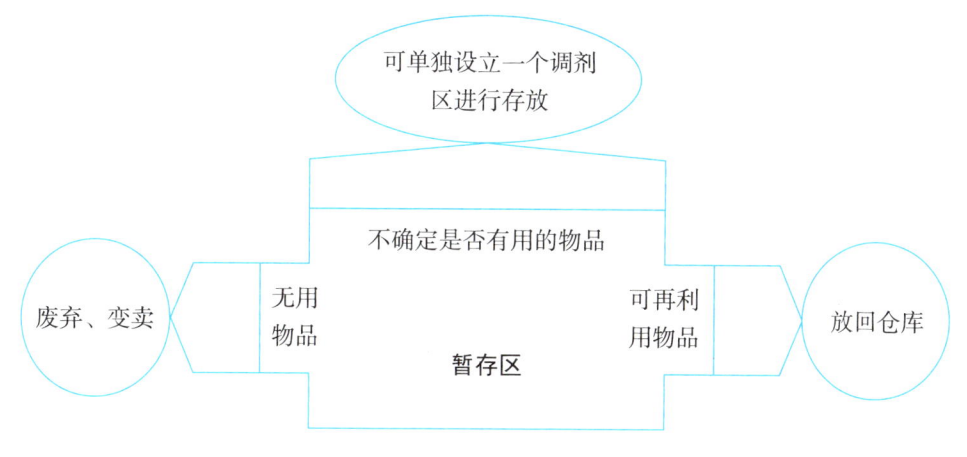

图 3-12　暂存区物品的处理方法

- 对可再利用物品，要放回仓库。
- 对于放回仓库的可再利用物品，需要像新物料一样领用。
- 对无用物品，按实际情况，进行直接废弃或者变卖。
- 对不确定是否有用的物品，由相关部门进行确认，并单独设置一个调剂区来存放。
- 放进调剂区的物品，可在企业范围内调剂，尽量做到物尽其用。

3.2.7　不要物品分类处理

在确认不要物品之后，还有一个很重要的工作，就是对不要物品进行分类处理。

1. 不要物品分类处理要点

相关人员在对不要物品进行处理时，可按其是否具有使用价值进行分类处理。其具体的处理方法如表 3-4 所示。

表 3-4　不要物品分类处理方法

不要物品分类		分类及处理方法
有使用价值	有其他用途	转作他用
	暂时不需要，以后会使用	交仓库存储
	涉及商业机密或专利品	特别处理
	影响作业安全或污染环境	
无使用价值	有价值	折价变卖
	无价值	废弃

◐ 处理不要物品的标准是其有无使用价值，而不是其购买价值。

◐ 日常工作中，各车间、部门要及时清理不要物品，将其置于暂放区并进行分类，然后由责任部门进行确认。

2. 不要物品处理程序

为推动整理活动顺利开展，7S 推行人员应制定一套有效的不要物品分类处理程序。不要物品分类处理程序如图 3-13 所示。

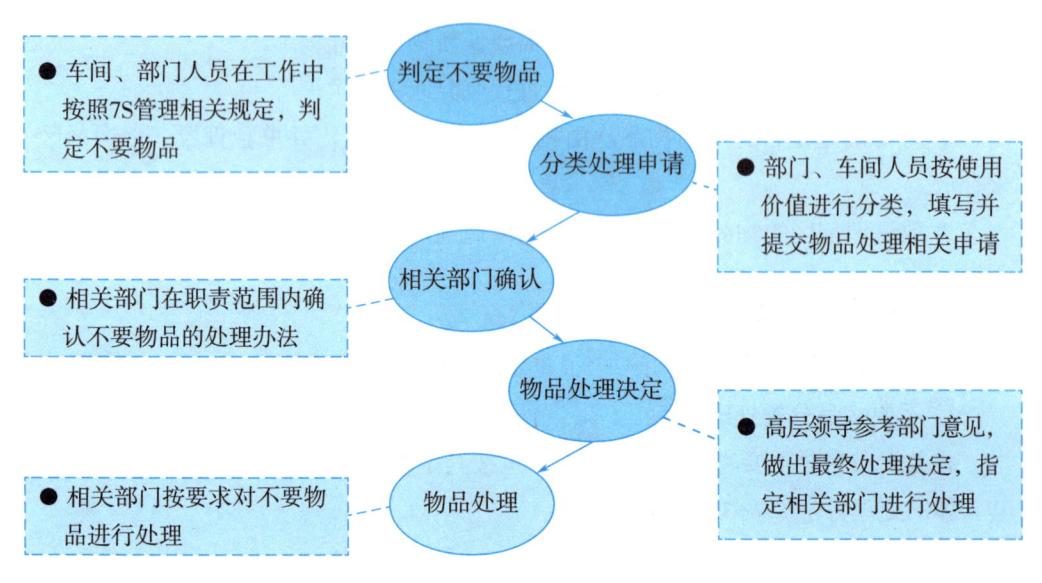

```
● 车间、部门人员在工作中        判定不要物品
  按照7S管理相关规定，判
  定不要物品
                              分类处理申请      ● 部门、车间人员按使用
                                                  价值进行分类，填写并
                                                  提交物品处理相关申请
                              相关部门确认
● 相关部门在职责范围内确
  认不要物品的处理办法
                              物品处理决定
                                                ● 高层领导参考部门意见，
                                                  做出最终处理决定，指
                                                  定相关部门进行处理
● 相关部门按要求对不要物        物品处理
  品进行处理
```

图 3-13　不要物品分类处理程序

- 不要物品的申请和处理工作,要由不同的部门来执行。
- 对各类不要物品的确认,应由相应部门负责。

① 质检部、技术部负责不要物料的确认。
② 设备部负责生产所用的不要设备、工具、仪表、计量器具等的确认。
③ 办公室负责不要办公物品的确认。
④ 财务部负责不要物品处置资金的确认。

3.2.8 每日循环整理自检

现场每天都在变化,昨天的必需品在今天可能就是多余的,今天的必需品与明天的必需品也会有所不同。因此,现场人员应每天进行循环整理自检。

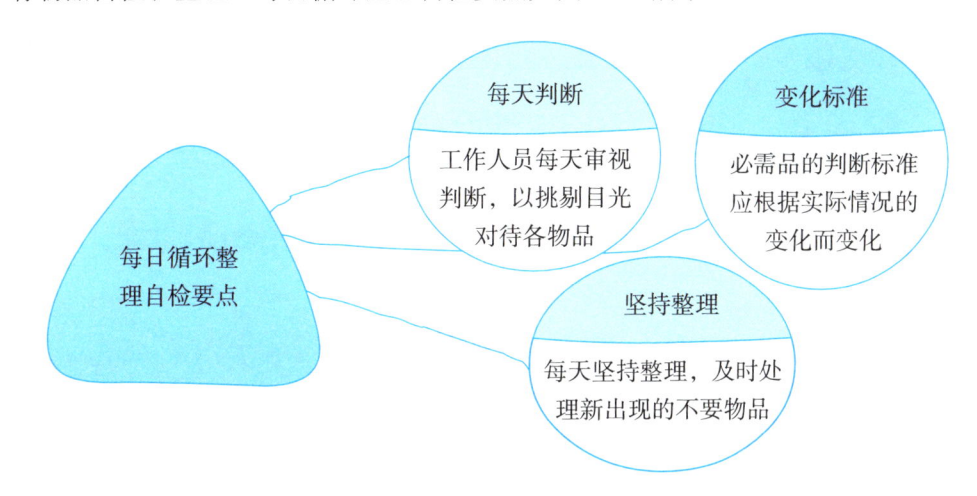

1. 每日循环整理自检要点

整理是一件永无止境的事情,不能做一次就停止,这就需要现场人员每天进行物品自检和整理。每日循环整理自检要点如图 3-14 所示。

每日循环整理自检要点

- **每天判断**：工作人员每天审视判断,以挑剔目光对待各物品
- **变化标准**：必需品的判断标准应根据实际情况的变化而变化
- **坚持整理**：每天坚持整理,及时处理新出现的不要物品

图 3-14 每日循环整理自检要点

2. 每日循环整理自检步骤

7S 推行委员会负责制定每日循环整理自检的办法,然后由现场工作人员在日常工作中实施。每日循环整理自检的具体步骤如图 3-15 所示。

确定方法	7S工作小组根据现场工作实际制定物品判别方法、处理流程
日常判别	现场人员在日常工作中根据实际工作要求、判别方法判定物品是否必需
总体检查	现场人员除判别接触的物品之外,还要对工作现场进行总体自检,以防止遗漏
进行处理	7S小组和现场人员相互配合,按照要求每天对非必需品进行处理

图 3-15　每日循环整理自检步骤

- 在每日循环整理中需考虑生产对物品的需求,不能影响生产。
- 7S工作小组通过定期检查,加强监督,督促现场工作人员进行每日整理。
- 可采取相关奖励和惩罚措施,激励员工进行每日循环整理自检。

①对现场整理和维持比较突出的单位和个人,给予一定奖励。

②对整理工作不到位(现场脏乱差)的单位和个人,给予一定惩罚。

- 车间、部门需采取正确的工作方法,减少不要物品的产生,为每日整理工作打下良好基础。

3.3 整理的具体实施

3.3.1 现场物料的整理

车间对物料进行整理,首先应根据生产活动对物料的存量要求和物料本身的质量状况和需求状况来判定物料为必需品还是非必需品,然后对非必需品进行处理。

1. 现场物料判定方法

现场物料的判定就是确定必需品和非必需品,其具体方法如表 3-5 所示。

表 3-5 现场物料的判定方法

物料种类	物料判定方法	存量要求
原辅材料、零部件	符合以下两个条件的为必需品: 1. 物料是需要的,并能够使用 2. 物料符合现场存量要求	◆根据生产计划、物料定额计算物料需求量,再按一定周期确定物料存量 ◆生产线上的物料最大存量以一天为准
包装料	符合以下两个条件的为必需品: 1. 物料是需要的,并能够使用 2. 物料符合现场存量要求	◆根据生产计划、所需包装材料类型确定包装料的需求量 ◆按一周需求量为标准确定包装料存量
半成品、成品	符合以下三个条件的为必需品: 1. 质量合格的产品 2. 符合生产计划要求规格的产品 3. 符合生产计划规定数量的产品	◆根据生产计划确定产成品的数量 ◆生产现场存放一个产品订单的产品

2. 现场物料处理

现场物料如果是非必需品,应该视具体情况进行处理,具体方法如表 3-6 所示。

表 3-6 非必需品的处理方法

物料类型		处理方法
原辅材料、零部件	能够使用的	于指定场所放置,或与供应商协商退货,或降价处理
	不能使用的(变质、损坏等)	废弃处理

续表

物料类型			处理方法
包装料	能够使用的		转其他部门使用、折价出售
	不能够使用的	不会污染环境的	废弃处理
		易污染环境的	交相关单位处理
半成品、成品	质量合格的		交库房储存或直接出售
	质量不合格的		废弃或改作他用

判定物料是否为必需品

在不要物品上挂红牌

3.3.2 设备工具的整理

1. 设备整理

7S 活动中，车间对于设备的整理，首先可根据设备是否有使用需要，以及是否能够使用来进行判定，然后对整理过的设备进行分类处理。设备整理方法和处理办法如表 3-7 所示。

对于非必需的设备还可按照以下办法进行处理：

- 对于不需要，但是还可使用的，可进行整改，转作他用。
- 对于不能转作他用的，折价出售。
- 无法做出最终处理决定的，可暂时安置在指定位置。

表 3-7 设备整理方法和处理办法

是否有需要	能否使用	能否维修	判定结果	处理办法
有	能	—	必需品	放置现场
有	不能	能	必需品	交给设备部维修
有	不能	不能	非必需品	放入暂存区，后续进行废弃或变卖 同时向设备部申请相同的设备替换
没有	能	—	非必需品	放回库房，后续进行处理 调配其他部门使用或者变卖
没有	不能	能	非必需品	交给设备部维修
没有	不能	不能	非必需品	放入暂存区，后续进行废弃或变卖

2. 工具整理

车间人员整理工具时，首先应判定物品是必需品还是非必需品，然后根据实际情况确定必需品的放置场所，最后对非必需品进行处理。工具整理方法如表 3-8 所示。

表 3-8　工具整理方法

整理步骤	具体操作
判定是必需品还是非必需品	根据工具本身状况、工具使用频率判定其为必需品还是非必需品，如一年不使用的工具为非必需品
确定必需品的放置场所	经常使用的工具置于工作现场，不经常使用的工具可统一放置于一个容易取用的地方
非必需品的处理	如果工具还可使用，可调至其他部门使用 如果工具不能使用，可折价出售或废弃处理

3.3.3　作业台的整理

作业台的整理，首先应判定作业台上的物品是否为必需品，进而进行清理，最后按相关规定处理非必需品。其步骤具体如图 3-16 所示。

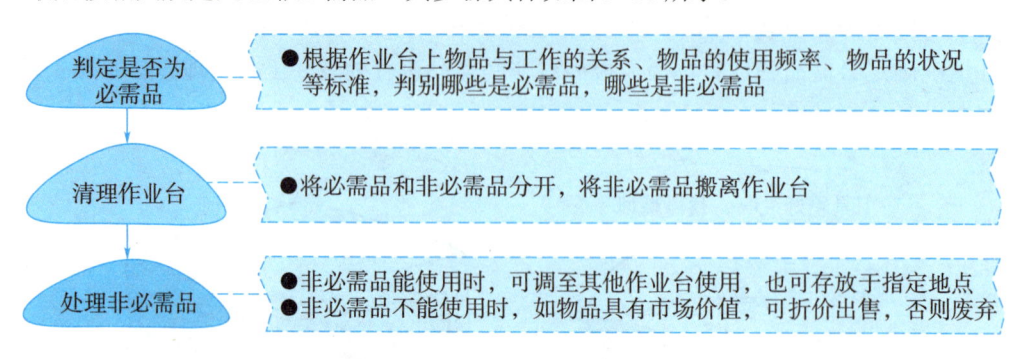

```
┌──────────┐    ● 根据作业台上物品与工作的关系、物品的使用频率、物品的状况
│判定是否为│───   等标准，判别哪些是必需品，哪些是非必需品
│  必需品  │
└────┬─────┘
     │
┌────▼─────┐
│ 清理作业台│───  ● 将必需品和非必需品分开，将非必需品搬离作业台
└────┬─────┘
     │
┌────▼─────┐    ● 非必需品能使用时，可调至其他作业台使用，也可存放于指定地点
│处理非必需品│──  ● 非必需品不能使用时，如物品具有市场价值，可折价出售，否则废弃
└──────────┘
```

图 3-16　作业台的整理步骤

⊃ 作业台上的必需品的标准如下（需要三个条件同时满足）：

①物品使用频率：每天需要使用一次以上，如钳子、锤子等工具。

②物品与作业台的关系：物品用于该作业台。

③物品的状况：物品能够使用。

⊃ 不同时满足上述要求的物品为非必需品，需要从作业台上清理掉，并按要求处理。作业台整理前后对比图如图 3-17 所示。

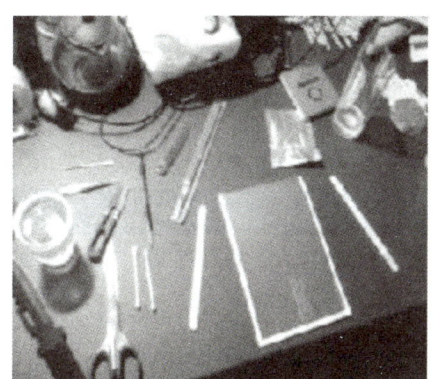

图 3-17　作业台整理前后对比图

3.3.4　办公桌的整理

整理办公桌,首先应判定办公桌表面及抽屉内部的物品是否为必需品,然后进行清理,最后按相关规定处理非必需品。其整理方法具体如图 3-18 所示。

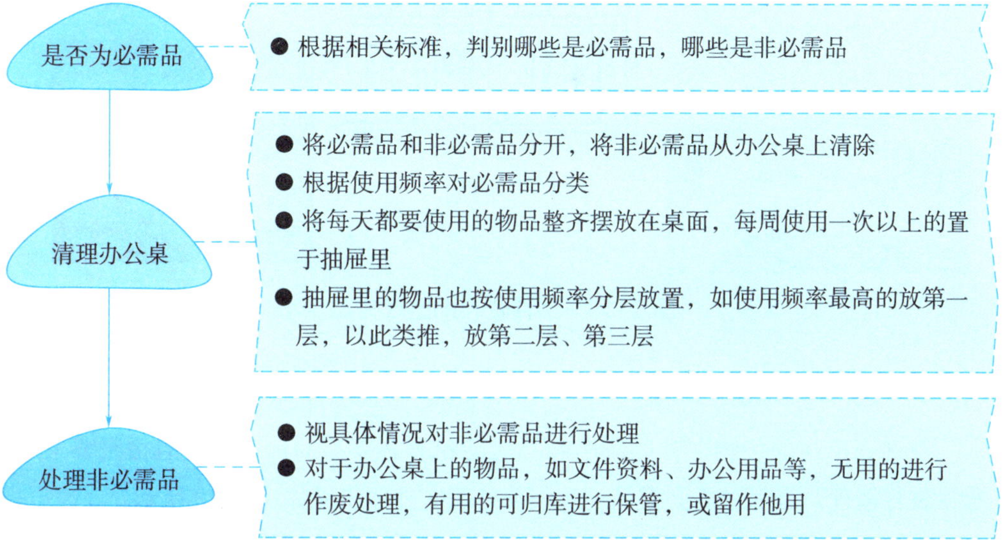

是否为必需品
- 根据相关标准,判别哪些是必需品,哪些是非必需品

清理办公桌
- 将必需品和非必需品分开,将非必需品从办公桌上清除
- 根据使用频率对必需品分类
- 将每天都要使用的物品整齐摆放在桌面,每周使用一次以上的置于抽屉里
- 抽屉里的物品也按使用频率分层放置,如使用频率最高的放第一层,以此类推,放第二层、第三层

处理非必需品
- 视具体情况对非必需品进行处理
- 对于办公桌上的物品,如文件资料、办公用品等,无用的进行作废处理,有用的可归库进行保管,或留作他用

图 3-18　办公桌的整理方法

3.3.5 文件资料的整理

整理文件资料,首先按使用频率判定文件资料是否为必需品,再根据具体情况对文件资料进行处理。文件资料的整理方法如表 3-9、图 3-19 所示。

表 3-9 文件资料的整理方法

文件资料类型		判定结果	整理方法
一周至少使用一次的		必需品	用文件盒装好定位放置桌面
每月最多使用一次的		非必需品	用文件盒装好放置在文件柜
每年最多使用一次的		非必需品	申请交档案室保管
不再使用的	有保管要求,且在保管期内的	非必需品	交档案室保管
	无保管要求的	非必需品	废弃
	已过保管期限的	非必需品	

一周至少使用一次的文件放桌面,如正推行的制度文件。

每月才使用一次的放文件柜。

每年才使用一次的,或有保管要求的文件交档案室保管。

图 3-19 文件资料的整理方法

3.3.6 仓库货架的整理

整理仓库中的货物,首先应明确必需品和非必需品的标准,然后按照要求对货架进行清理,最后对非必需品进行相关处理。具体步骤如图 3-20 所示。

```
┌─────────────┐
│ 判定是否为  │──● 以货架上货物的状态及是否与标识的名称相同为标准，判
│   必需品    │    断货架上的货物是否必需品
└─────────────┘
      ↓
┌─────────────┐    ● 将杂物和损坏、变质的货物从货架上撤离
│ 清理仓库货架│──● 如果杂物在其他货架上有相应名目，应放置到其他货架
└─────────────┘    ● 将非必需品的货物从仓库中搬离
      ↓
┌─────────────┐
│ 处理非必需品│──● 如非必需品能够使用，且其他仓库有需要，可调至其他仓库
└─────────────┘    ● 如非必需品已不能使用，可视情况折价销售或废弃处理
```

图 3-20　货架上的货物整理步骤

◐ 判断货架上的货物的状态，就是定期检查货物是否变质、是否因搬运而损坏。

◐ 判断货架上的货物是否与标识相符，就是检查货架上有无杂物。

◐ 如果货架上存在杂物或损坏、变质的物品，应及时进行清理。

第4章 整顿实施

4.1 整顿的基础知识

4.2 整顿的方法技巧

4.3 整顿的具体实施

4.1 整顿的基础知识

4.1.1 整顿的含义

整顿是指将必需品整齐放置、清晰标识，以最大限度地缩短寻找和放回的时间。整顿的含义如图 4-1 所示。

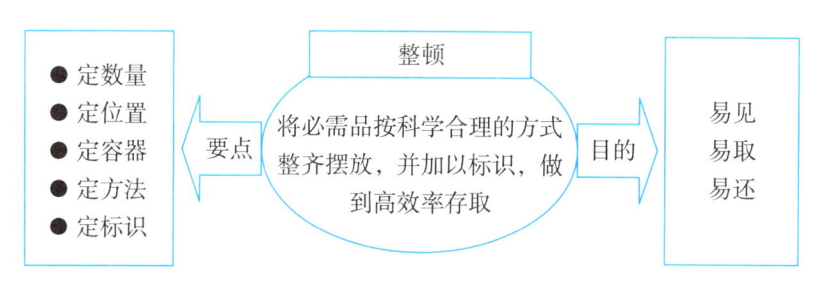

图 4-1 整顿的含义

● 整顿的要点主要是做到五定，即定数量、定位置、定容器、定方法、定标识。

定数量：确定存放的最多、最少数量。

定位置：确定固定、合理、便利的存放位置。

定容器：确定合适的存放容器，以便有效地存放物品。

定方法：采用形迹管理等方法放置物品。

定标识：用统一明确的文字、颜色等作为物品的标识。

● 整顿的目的是易见、易取、易还。

易见：整齐摆放物品，并用颜色、文字进行标识，使物品一目了然。

易取：根据使用规则合理设置放置地点，使物品容易拿取。

易还：通过简明的符号或形状提示，如设置凹模，使物品放回原来的位置。

4.1.2 整顿的内容

整顿的工作内容包括确定物品的放置地点、存放数量、存放容器、摆放方法，以及进行物品标识等，具体的内容如图 4-2 所示。

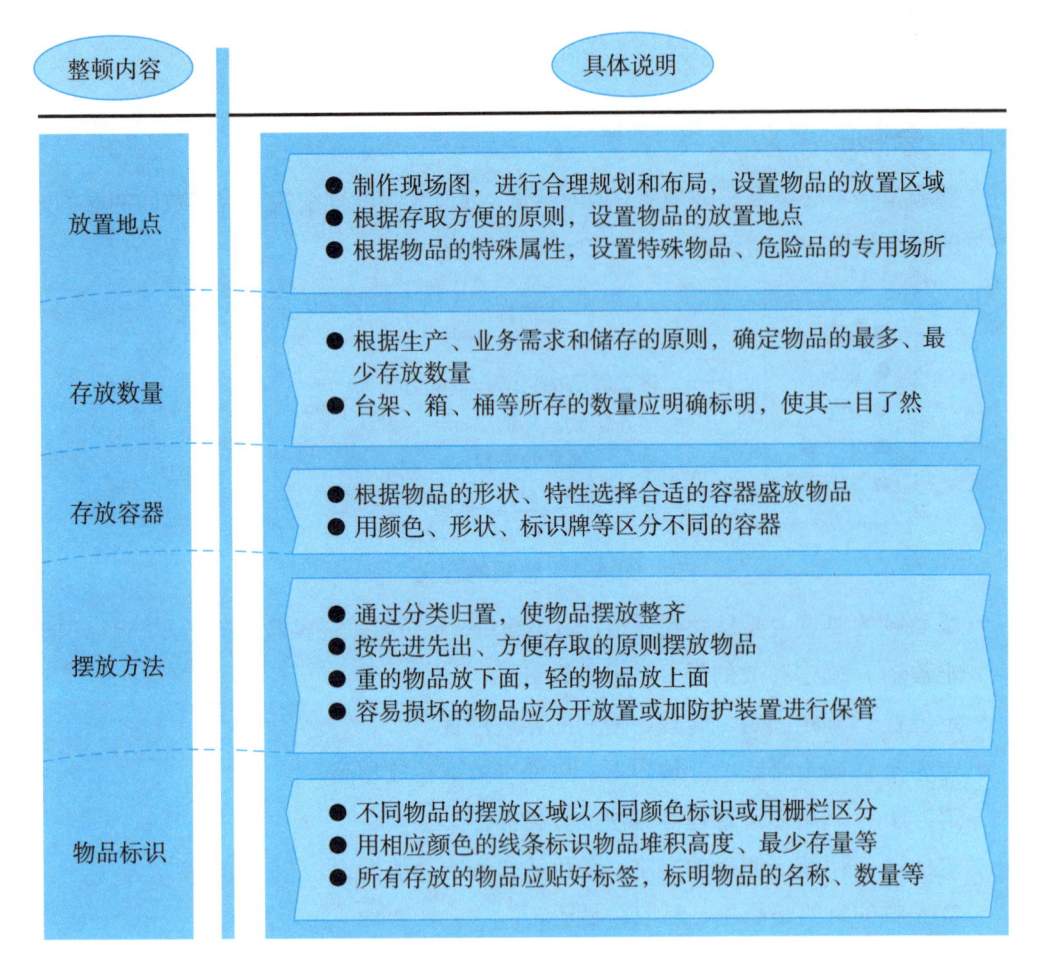

整顿内容	具体说明
放置地点	● 制作现场图，进行合理规划和布局，设置物品的放置区域 ● 根据存取方便的原则，设置物品的放置地点 ● 根据物品的特殊属性，设置特殊物品、危险品的专用场所
存放数量	● 根据生产、业务需求和储存的原则，确定物品的最多、最少存放数量 ● 台架、箱、桶等所存的数量应明确标明，使其一目了然
存放容器	● 根据物品的形状、特性选择合适的容器盛放物品 ● 用颜色、形状、标识牌等区分不同的容器
摆放方法	● 通过分类归置，使物品摆放整齐 ● 按先进先出、方便存取的原则摆放物品 ● 重的物品放下面，轻的物品放上面 ● 容易损坏的物品应分开放置或加防护装置进行保管
物品标识	● 不同物品的摆放区域以不同颜色标识或用栅栏区分 ● 用相应颜色的线条标识物品堆积高度、最少存量等 ● 所有存放的物品应贴好标签，标明物品的名称、数量等

图 4-2　整顿的内容

4.1.3　整顿的实施步骤

在整顿活动中，部门、车间应明确物品放置地点、放置方法，明确标识。整顿的实施步骤如图 4-3 所示。

分析现状 ⇒ 明确放置地点 ⇒ 明确放置方法 ⇒ 明确标识

图 4-3　整顿的实施步骤

◐ 分析现状主要是了解工作中与物品存放有关的问题，主要包括以下几个步骤：

①进行物品分类，将现场物品实际的分布情况用文字进行记录。

②将现场工作过程中物品的传送情况用图表示出来。

③结合文字和图，分析现场物品存放有无放置地点不明确、放置地点较远、放置方法不合理等情况。

◐ 明确放置地点，是将物品的放置地点固定，并且用不同颜色的油漆或胶带来界定生产场地、通道和物品存放区域等。

◐ 明确物品放置方法，包括确定物品的存储地点和存放方式。

①按方便存取的原则就近存储物品。

②按物品的用途、形状、大小、重量、使用频率确定物品的摆放地点和摆放方法。

◐ 明确标识，是用颜色、标签、符号等标示物品的分类、品名、数量、用途等。

①标识上注明责任人。

②相同类别的标识，要统一规格，统一加工制作。

4.1.4　整顿的注意事项

开展整顿活动，最终的目的是减少浪费，提高生产效率。为了达到这个目的，在整顿中应遵循如图 4-4 所示的注意事项。

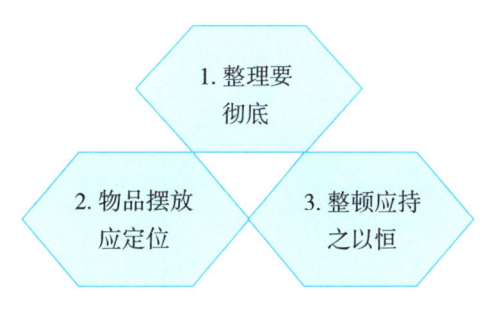

图 4-4　整顿的注意事项

◐ 整理要彻底，是指要贯彻落实整顿前一步的整理工作，确保生产现场或工作场所只放置必需的物品。

◯ 物品摆放应定位，不仅适用于固定位置的物品，也适用于流动的物品。具体摆放方法如表 4-1 所示。

表 4-1　物品摆放方法

物品种类	实例	摆放方法
固定位置物品	设备、工作台	物品固定放置于某区域线内或某一固定位置
流动的物品	原材料、零部件	按工艺流程、物品性质，在各工序相应位置设置相应的容器进行摆放，以方便员工在生产过程中取用

◯ 整顿应持之以恒，即在日常工作中坚持进行整顿，而不只是在开展 7S 活动时整顿。

4.2　整顿的方法技巧

4.2.1　区域规划：合理放置物品

区域规划是指根据生产要求、现场具体情况合理规划各区域，以便合理确定物品的放置场所。区域规划有两个层次，第一层次是工厂区域规划，第二层次是现场区域规划。

工厂区域规划是指根据工厂环境、生产需要设置生产车间、办公室、库房等的位置和大小。工厂区域规划分布如图 4-5 所示。

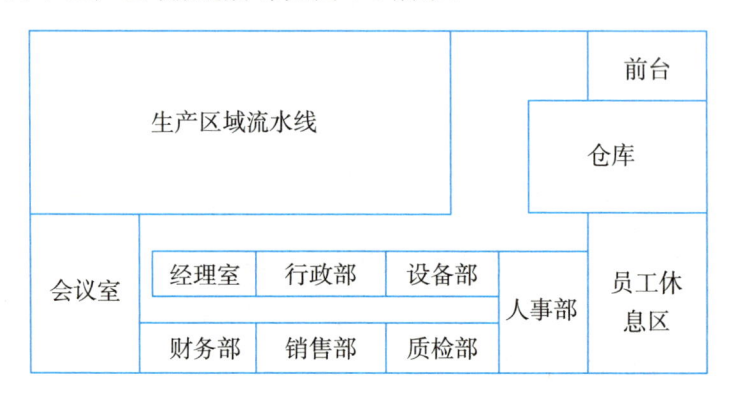

图 4-5　工厂区域规划图

现场区域规划，是将各个区域进一步细分，以明确各种物品的具体放置场所。

🡒 仓库根据存放物品的不同按物品类型进行区域的划分。

🡒 办公区则根据管理部门的不同设置相应的区域，部门内部则可根据工位数量和办公设施等情况进行合理的布局。

🡒 生产现场可根据工艺流程合理进行布局，在现场总体布局确定的前提下，对各车间进行划分，各车间具体可分为原材料区、作业区、合格品区、不合格品区和废品区等。

4.2.2　画线定位：准确放置物品

要在现场画线定位，准确放置物品，首先应明确画线的线形，然后确定画线的方法，最后进行画线，准确放置物品，具体步骤如图4-6所示。

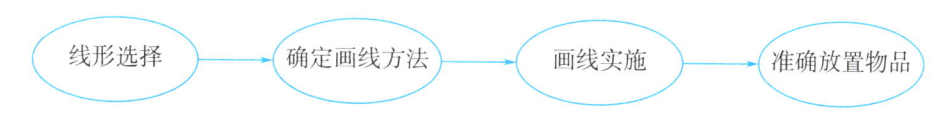

线形选择 → 确定画线方法 → 画线实施 → 准确放置物品

图4-6　画线定位步骤

🡒 车间、部门应用不同的线条区分、定位不同的物品，以方便找寻物品，画线线形表示内容如表4-2所示。

表4-2　画线线形表示内容

类别	宽度	线形
工作场所	10cm	绿色实线
物品放置区域	10cm	黄色实线
作业台定置线	5cm	黄色实线
机器设备、垃圾桶定位线	5cm	黄色虚线
小物品定位线	2cm	黄色实线
不合格品、消防设施定位线	5cm	红色实线
危险品、危险区域定位线	5cm	红色实线或斑马线

⊃ 在确定画线线形之后，画线人员应根据实际情况选择合适的画线方法进行画线，画线的方法包括全格法、直角法，具体如表 4-3 所示。

表 4-3 画线的方法

方法名称	具体操作	适用范围	图例
全格法	用油漆线条或胶带将存放区域框起来	如小型空压机、台车、叉车的定位	
直角法	用油漆画线定出物品的关键角落	如小型工作台及办公桌、椅的定位	

⊃ 车间、部门人员按照确定的颜色、方法，根据物品大小、物品特性，选择合适的材料进行画线。画线实施流程如图 4-7 所示。

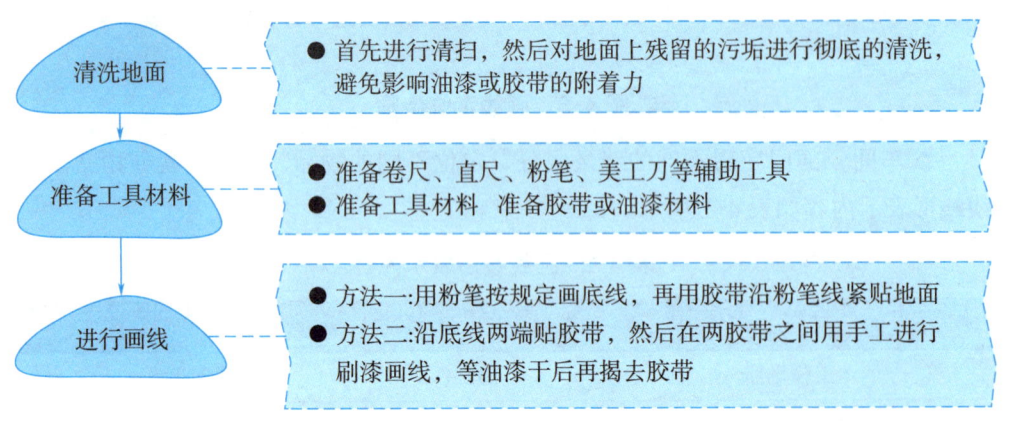

```
清洗地面  ──▶  ● 首先进行清扫，然后对地面上残留的污垢进行彻底的清洗，
                 避免影响油漆或胶带的附着力
    │
    ▼
准备工具材料 ──▶  ● 准备卷尺、直尺、粉笔、美工刀等辅助工具
                  ● 准备工具材料  准备胶带或油漆材料
    │
    ▼
进行画线  ──▶  ● 方法一:用粉笔按规定画底线，再用胶带沿粉笔线紧贴地面
                ● 方法二:沿底线两端贴胶带，然后在两胶带之间用手工进行
                  刷漆画线，等油漆干后再揭去胶带
```

图 4-7 画线实施流程

4.2.3 定置管理：定位定容定量

1. 定位

定位也称定点，指根据物品的使用频率和便利性，确定物品的放置场所，常用物品的定位方法如表 4-4 所示，常用物品定位图示如图 4-8 所示。

表 4-4 常用物品的定位方法

物品	定位方法
原材料、半成品、成品	在工序附近明确划分摆放区域，各类别物品进行分架、分层摆放
机械设备和工作台	对需要移动的机械设备或工作台，画黄色虚线进行定位
各类工具	在作业场所，依其形状画出外形轮廓来定位 在工具箱里，可通过设置卡槽进行定位
实验仪器设备	在摆放架或存放区划分明确的摆放区域，用标识牌明确标识
办公文件	首先将文件按不同类别装入不同文件夹，然后以斜线进行定位

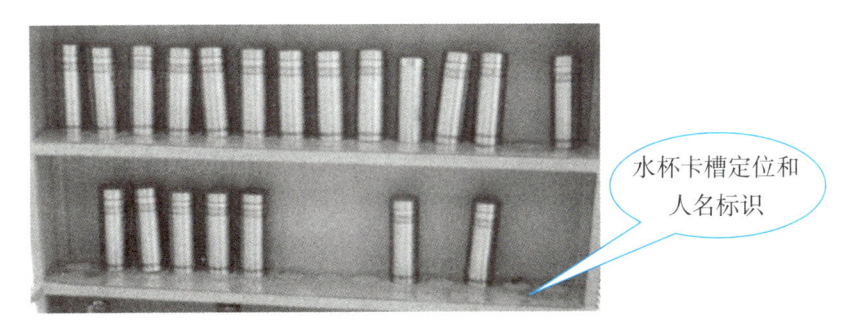

图 4-8 常用物品定位图示

○ 部门、车间对物品设置了定位位置之后，就应按照定位标识固定物品。

○ 物品定位之后，应在相应场所设置总看板，使相关人员对定位的状况一目了然。

2. 定容

定容就是确定物品的盛放容器，以方便存取，同时提高物品存放和搬运的效率。定容的要点如图 4-9 所示。

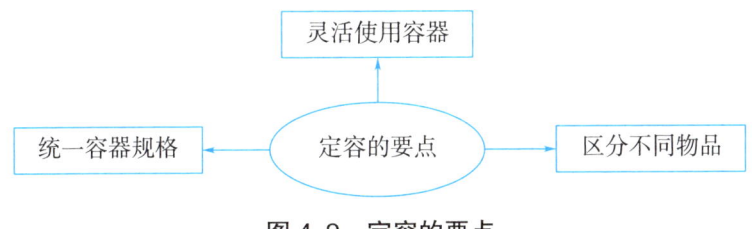

图 4-9 定容的要点

◐ 灵活使用容器，指不仅应按物品的形状、性质选用合适的容器盛放物品，而且应采用方便存取和搬运的容器。比如，可使用带轮的托盘盛放较重的物品，以避免反复装卸，提高搬运效率。

◐ 统一容器规格，指使用容器盛放同类物品时应使用同一种容器，并且容器的大小、形状、颜色等规格应该统一，以使物品摆放更整齐，具体如图 4-10 所示。

◐ 区分不同物品，指对于不同类别的物品应使用不同的容器加以区分，以快速查找和存取。如果要使用同种容器盛放不同类别物品，应从颜色、标签上加以区分，以防混淆，具体如图 4-11 所示。

图 4-10　统一容器规格　　　图 4-11　区分不同物品

3. 定量

定量是确定放置物品的合理数量，以避免拥堵和断流，以使工作有序进行。

（1）定量的表示方式

定量可以用颜色标示，也可用数字标示，具体如图 4-12、图 4-13 所示。

图 4-12　用颜色标示　　　图 4-13　用数字标示

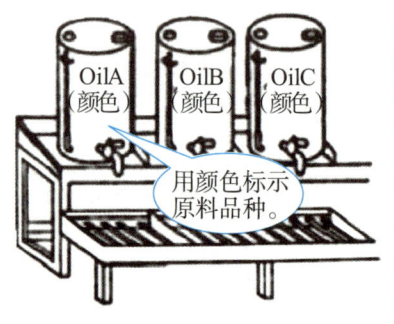

◐ 用颜色标示。例如，对于仓库内的物品，可以在相应的存储数量处用颜色来标示最大库存量、最小库存量和订货库存量。

◐ 用数字标示。例如，在工作现场用数字标示允许存放物料的数量。

（2）定量的注意事项

在对物品定量时，应确定合适的数量，并明确标明。定量的注意事项如下：

◐ 应根据生产计划、物料消耗确定生产现场和仓库的物品数量。

① 库存物品应明确最大库存数量、安全库存数量。

② 工作现场使用的物料应根据生产需求明确最大的允许数量、安全放置数量。

◐ 容器内存放的物品数量要用数字或颜色予以标明，使其一目了然。

◐ 相同的容器所装的物品数量应该一致。

4.2.4 物品存放：有效保存物品

有效保存物品，指存放物品时，应按照其存放要求进行存放，以防止其损坏、变质。物品存放要点包括分类存放、合理存放、立体存放。

◐ 分类存放物品，指存放物品时，应按照物品类别分开放置物品。

◐ 合理存放物品，指存放物品时，应按方便存取的原则进行放置，并且做好防护措施，以防止其损坏、变质。合理存放物品要点如图 4-14 所示，合理存放物品图示如图 4-15 所示。

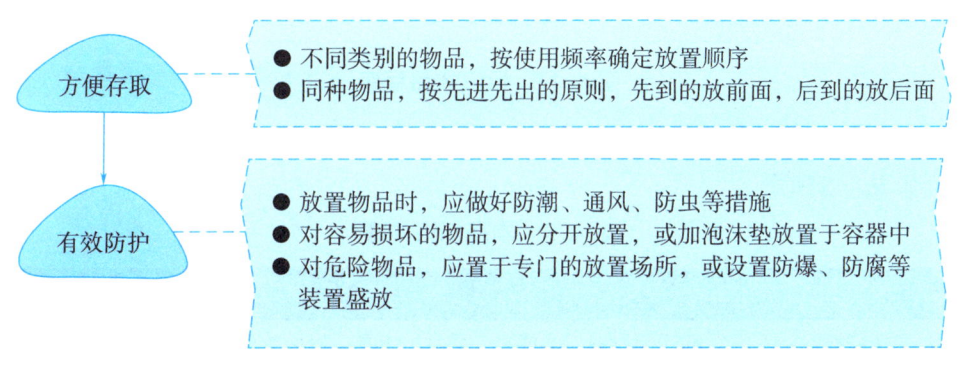

方便存取
● 不同类别的物品，按使用频率确定放置顺序
● 同种物品，按先进先出的原则，先到的放前面，后到的放后面

有效防护
● 放置物品时，应做好防潮、通风、防虫等措施
● 对容易损坏的物品，应分开放置，或加泡沫垫放置于容器中
● 对危险物品，应置于专门的放置场所，或设置防爆、防腐等装置盛放

图 4-14 合理存放物品要点

○ 立体存放物品，指活用立体空间摆放物品，做到既节省空间又使环境更加整洁。立体存放物品图示如图 4-16 所示。

图 4-15　合理存放物品图示　　图 4-16　立体存放物品图示

4.2.5　放置标识：准确摆放物品

7S 推行人员需组织各车间、部门人员快速准确找到物品，对物品进行标识。通过对物品存放位置的标识，可使物品摆放准确，方便存取。

1. 物品标识程序

标识物品时，首先应明确标识的对象，然后根据标识对象选择合适的方法，最后进行准确标识。具体程序如图 4-17 所示。

明确标识对象 → 确定标识方法 → 进行物品标识

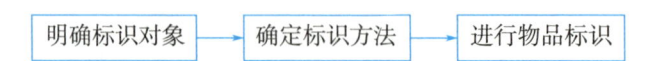

图 4-17　标识物品程序

○ 明确标识对象，就是根据标识物品的内容，确定采用何种标识。物品标识内容如表 4-5 所示。

表 4-5　物品标识内容

标识类型	标识内容
场所标识	标识原材料、半成品、成品、工具、设备等的存放场所
位置标识	标识物品在存放场所的具体位置
物品标识	标识物品的名称、规格、数量、最大存量、最小存量等

⊃ 确定标识方法，是在明确标识内容后，根据具体内容选择合适的标识方法。物品标识方法如表 4-6 所示。

表 4-6　物品标识方法

标识类型	标识方法	标识工具	标识示例
场所标识	用相应颜色的线条画出物品的存放区域	油漆或胶带	
位置标识	用影绘、凹模等固定物品的摆放位置，使取用、移动的物品准确归位	油漆、塑料模具	
物品标识	用文字标明物品名称、规格、数量等；用颜色标示物品种类、最大最小库存	标识牌、油漆	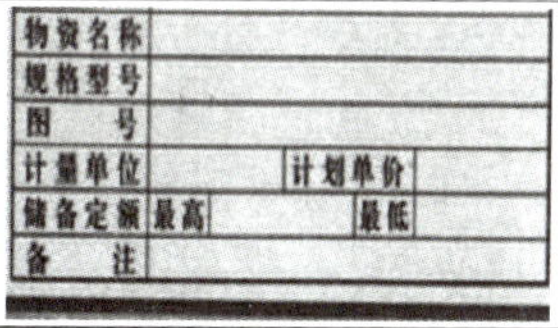

2. 标识规范方法

在进行现场标识时，企业要做好标识的统一工作，以免存在误差，浪费寻找物品的时间或误用。标识规范方法如图 4-18 所示。

统一材料	对同一标识对象使用同一材料，如货架上的物品用纸类材料做标识牌
统一标准	需制定统一的标准，如同类物品用同一种颜色标识
统一字体	标识文字需打印，并统一字体和大小规格
用词恰当	标识用词严谨简明，准确反映物品的名称、种类、特性、规格
时间规定	对于临时摆放物品的标识，需标明放置时间

图 4-18　标识规范方法

4.2.6 形迹管理：物品定位方法

形迹管理，是将零部件、工具、夹具等物品按照投影的形状绘图、挖槽或嵌入凹模等方法，把物品放置在上面，以准确定位。

形迹管理有形状绘图、挖槽和嵌入凹模三种方式，具体如图4-19、图4-20所示。

在放置工具、夹具等的柜子里，平放或斜放的隔板上用颜色画出工具的形状，以准确放置物品

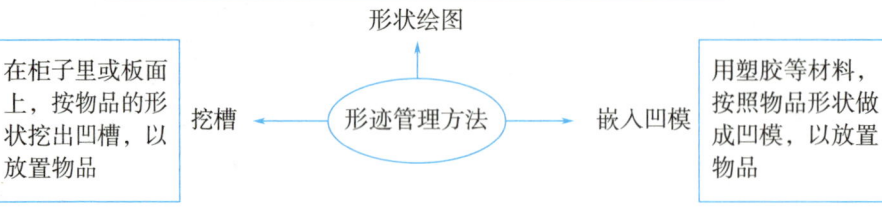

形状绘图

在柜子里或板面上，按物品的形状挖出凹槽，以放置物品

挖槽 ← 形迹管理方法 → 嵌入凹模

用塑胶等材料，按照物品形状做成凹模，以放置物品

图 4-19　形迹管理方式说明

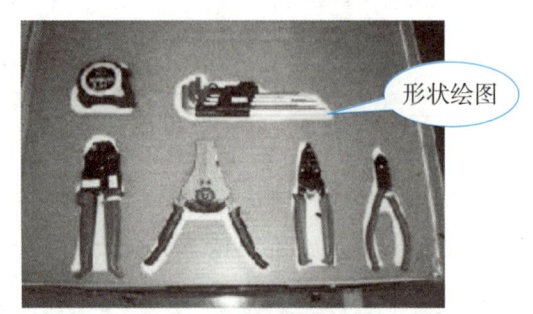

形状绘图

挖槽

嵌入凹模

图 4-20　形迹管理方式图示

4.2.7 及时归位：保持物品整齐有序

在整顿工作中，将物品及时归位，能真正落实定位工作，保持物品整齐有序。及时归位包括两个要点：一是将用完的工具放回原处；二是将移动的物体重新放置在定位位置。

- 用完的工具，要按要求及时放回工具箱，或是放到依照形迹管理确定的位置。
- 在工作中移动过的物品，要及时放置在原来标识的位置，以维持现场整齐有序。

使用后的工具要及时放回原处　　　　移动过的物品要及时放回固定的位置

4.3 整顿的具体实施

4.3.1 工具箱的整顿

1. 整顿工具箱

在日常工作中，工具箱的存放、使用不合理会形成浪费，因此需要对工具箱进行整顿，其整顿要点如图 4-21 所示。

1	工具箱要尽量薄，以避免存放的工具重叠，增加找寻难度
2	车间人员应将工具箱固定在离使用地点近的、便于使用的地方
3	工具箱要按照品目、领域、规格等进行标识、保管

图 4-21　工具箱的整顿要点

2. 整顿工具箱中的工具

工具箱中的工具要按照精简、便于存取的原则进行整顿。

- 工具箱里的工具要精简，如有转头的螺丝刀，就不需要其他转螺丝的工具。
- 在工具箱中，应使用凹模或图案标识每个工具的存放位置，以方便存取。

4.3.2　机械设备的整顿

机械设备的整顿主要包括三个方面的内容：一是要将设备放置在合适的位置；二是要有明确的标识；三是要有操作目视图。

1. 机械设备放置

整顿机械设备时，应将其合理放置在合适的位置。

- 放置设备时，应留出足够宽敞的运输通道。
- 放置设备时，应保持设备之间有足够的距离以方便操作和维修。

◐ 放置设备时,应将地面处理平整,保证设备运行时不会产生剧烈震动、摇晃。

2. 机械设备标识

车间人员对机械设备进行标识时,除需用黄色虚线在地面画出定位标识之外,还需在设备上粘贴相应标识牌,标识内容包括"设备名称、设备规格型号、设备编号、操作者、责任人"等。

3. 操作目视图

设备上应有操作目视图,用图示明确标明设备操作流程、注意事项等,具体如图 4-22 所示。

图 4-22 操作目视图图示

4.3.3 现场物料的整顿

1. 物料分区放置

车间人员应根据物料的具体特性、现场的具体环境进行分区,分别设置原材料区、辅助料区、包装料区、半成品区、成品区,进而按照区域放置不同的物料。

2. 正确摆放物料

在确定物料的现场放置区域后,车间人员应在物料各自的区域内按要求摆放物料。物料的摆放方法如表 4-7 所示。

3. 明确标识物料

现场物料应用标识牌进行明确标识,标识内容包括名称、规格、数量等。

表 4-7　物料的摆放方法

物料种类	摆放方法
原材料、辅助料	◆放置不同物料时，按照使用需求确定摆放次序 ◆同种物料按新里旧外、新下旧上的原则进行放置 ◆对于不同批次的同类物料，以不同的叠放方式加以区分，以确保先来的先用
半成品	◆放置不同类别的半成品，应根据其与下一道工序的距离设置区域 ◆放置同种半成品，应根据先进先出的原则，按出产日期进行放置 ◆半成品可直接置于推车上，以避免反复装卸
成品	◆在成品区，分类放置不同产品 ◆按生产日期对产品进行排序，保证先进先出
包装料	◆现场的包装料，也应按新里旧外的顺序进行放置 ◆现场包装料应按包装料的特性做好防潮、防虫、防腐、防晒等防护措施

4.3.4　作业台的整顿

整顿作业台，除按要求进行画线定位、准确放置之外，还有以下工作要点。

⊃ 作业台要放置稳固，指应将高低不平的地面处理平整，或者将作业台置于平整的地面，以保持作业台的稳固，避免摇晃。

⊃ 对稍微有些损坏的作业台进行翻新、维修加固，以便于作业，方便清扫。

图 4-23　定位放置　　　　　　图 4-24　设置容器放置

- 作业台上的物品要定位放置,是指对于每天都要使用的工具、物品,将其放置于工作台上指定的位置,以提高工作效率,具体如图 4-23 所示。
- 在工作岗位上只能摆放最低限度的必需物品。
- 用于作业的物品,应根据形状绘图或设置容器在作业台上进行放置,具体如图 4-24 所示。
- 用于作业的物品,放在作业台上的哪一个位置比较方便,需进行合理的规划。

4.3.5 办公台的整顿

整顿办公台,就是采取相关措施,保持办公台整洁有序。办公台的整顿包括办公台面的整顿和抽屉的整顿。

1. 办公台面的整顿

办公室人员对办公台面进行整顿,应用最简单的方式把物品摆放得一目了然,以提高工作效率,办公台面整顿的要点如图 4-25 所示,办公台面整顿后的场景图如图 4-26 所示。

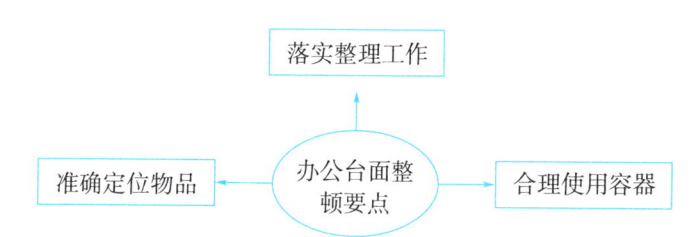

图 4-25 办公台面整顿的要点

图 4-26 办公台面整顿后场景图

◐ 落实整理工作，就是按照使用频率，将使用频率相对较低的物品放到抽屉里，将"不需要"的物品放到物品柜或按要求进行其他处理。

◐ 准确定位物品，就是对桌面上的物品进行定位，将物品固定在同一位置，以便物品用完及时归位。

◐ 合理使用容器，就是根据物品形状、性质，用对应的容器盛放于桌面，使桌面更加整齐，易于查找。比如将笔放在笔筒里，将文件放进文件盒。

2. 抽屉的整顿

整顿抽屉时，首先应对物品进行分类，做分类标识，然后采取措施将不同类别的物品固定在不同的位置。

◐ 对抽屉里的物品分类时，首先按使用频率进行分类，如一周使用三次的放第一层，半月使用一次的放第二层；然后对同一层的物品按其特性、作用分类，通常个人的参考资料、空白稿纸、各种表单等可放置在第三层，具体如图4-27所示。

◐ 在抽屉里垫上各种形状的卡槽或容器，将剪刀、计算器、胶水等物品按分类放到卡槽处或相应的容器内，以防止拉动抽屉时物品来回乱动。

笔、订书机、涂改液、即时贴、便条纸、橡皮、计算器，集中放置在第一层抽屉内。

不常用的资料和文件、笔记本等可放置在第二层抽屉内。

个人的参考资料、空白稿纸、各种表单放置在第三层抽屉内。

图4-27 抽屉内物品分类场景图

4.3.6 文件资料的整顿

1. 桌面文件资料的整顿

对桌面上的文件资料进行整顿，首先按文件属性或涉及的具体事务进行分类分夹，然后将文件夹统一归置于书立中，最后对文件夹按使用频率和类型进行排序。桌面文件的整顿步骤如图 4-28 所示。

分类分夹：按照文件的属性或涉及的具体事务对文件资料进行分类，将文件分装于不同的文件夹中，并在文件夹侧面做好类别标识

统一归置：办公室人员按照企业统一规定，将文件夹统一归置于书立中，将书立放置在桌面指定的位置，然后将文件夹按使用频率和类型进行整理和排序

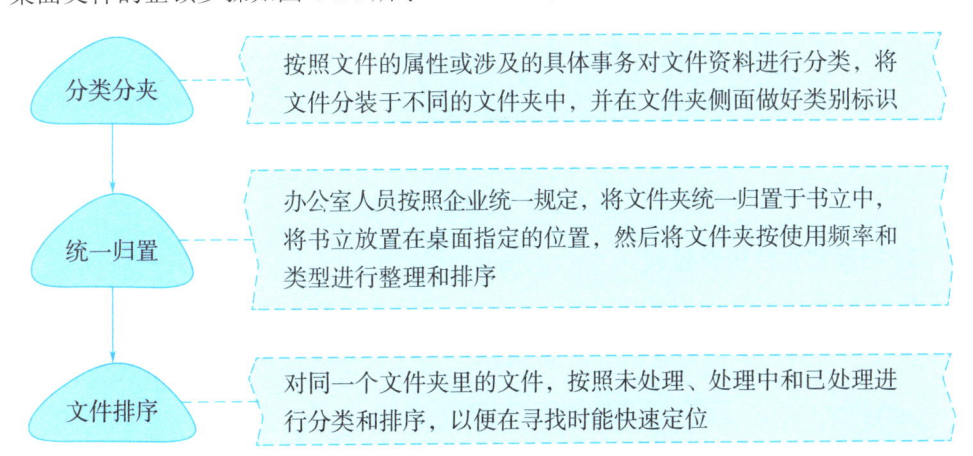

文件排序：对同一个文件夹里的文件，按照未处理、处理中和已处理进行分类和排序，以便在寻找时能快速定位

图 4-28 桌面文件的整顿步骤

2. 文件柜文件资料的整顿

文件柜里放置一个月以上使用一次的文件资料，但因其使用频率比桌面文件资料相对较低，因此更应该进行合理整顿，以快速存取。其整顿要点：分类放置、准确定位、标识清晰。

● 分类放置，是指将文件资料按涉及的不同事务进行分类，用不同的文件夹分装；同一文件夹内的文件资料按发文时间顺序进行排序。

● 准确定位，指在每个文件夹的第一篇放置索引页，以方便查。对同一层的文件夹，统一画一条三角线，以准确定位其在柜里的具体位置，快速存取，具体如图 4-29 所示。

● 标识清晰，指在每个文件夹的侧面，应标明文件种类、发文的起止时间等。

图 4-29　文件资料定位

（文件夹侧面的三角线，用于定位放置文件资料。）

3. 档案室文件资料整顿

档案室文件资料使用频率较低，但一般都较为重要，因此应特别进行整顿。档案室文件资料的整顿要点如图 4-30 所示。

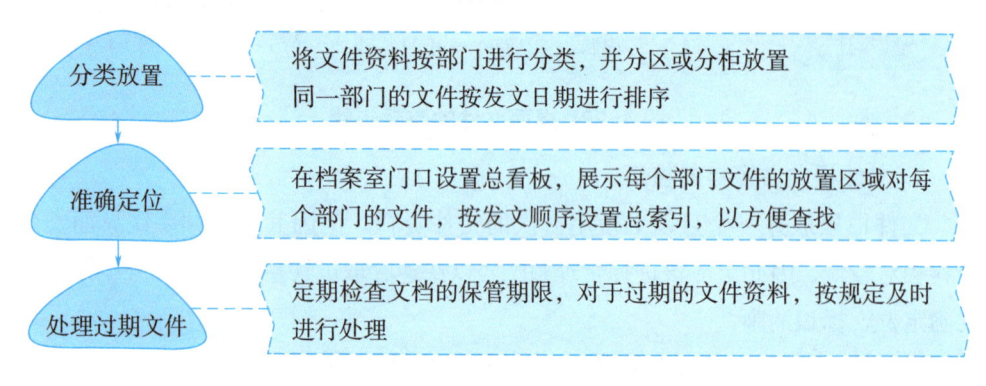

分类放置	将文件资料按部门进行分类，并分区或分柜放置 同一部门的文件按发文日期进行排序
准确定位	在档案室门口设置总看板，展示每个部门文件的放置区域对每个部门的文件，按发文顺序设置总索引，以方便查找
处理过期文件	定期检查文档的保管期限，对于过期的文件资料，按规定及时进行处理

图 4-30　档案室文件资料的整顿要点

4.3.7　仓库货架的整顿

仓库货架的整顿，包括仓库的整体整顿、货架的整顿和货架上货物的整顿。

1. 仓库的整体整顿

仓库的整体整顿，包括合理分区和设置看板。具体内容如图 4-31 所示。

| 合理分区 | 按照仓库总体环境、物品大类(如按物品性状分为固体类、液体类)，对仓库进行分区，并根据每种物品的数量，确定每个区 |
| 设置看板 | 在仓库门口设置总看板，展示区域的划分情况及每个区域放置物品的类别名称 |

图 4-31　仓库整体整顿的内容

2. 货架的整顿

仓库货架的整顿是仓库整顿的基本工作，整顿要点有合理分层、保持间距和稳固放置。

● 合理分层，就是按照存放物品形状和存放区域环境，对仓库货架进行合理分层，以充分利用空间。

● 保持间距，就是在布置货架的位置时，应保持货架之间的合理间距，以方便物品的存取。

● 稳固放置，是指在放置货架的时候，应使地面平整，然后将货架放置稳固，以免其倾倒，损坏物品。

3. 货架上货物的整顿

货架上货物的整顿，包括分类摆放、先进先出、使用容器、明确标识等要点，具体如图 4-32、图 4-33 所示。

分类摆放	同类物品摆放在一起，以方便查找和存
先进先出	按照先进先出的原则，先进的物品放在外面，后进的放里面
使用容器	小而多的物品，如铁钉，应使用容器进行盛放
明确标识	在摆放物品的对应位置粘贴标识牌进行明确标识，内容包括物品名称、类别、规格、数量、最小库存、最大库存等

图 4-32　货架上货物的整顿要点说明

图 4-33 货架上货物的整顿要点图示

第 5 章 清扫实施

5.1 清扫的基础知识

5.2 清扫的方法技巧

5.3 清扫的具体实施

5.1 清扫的基础知识

5.1.1 清扫的含义

清扫是将工作场所内看得见和看不见的地方打扫干净，不仅包括环境的清扫，还包括设备的擦拭与清洁，以及污染发生源的改善。其含义如图 5-1 所示。

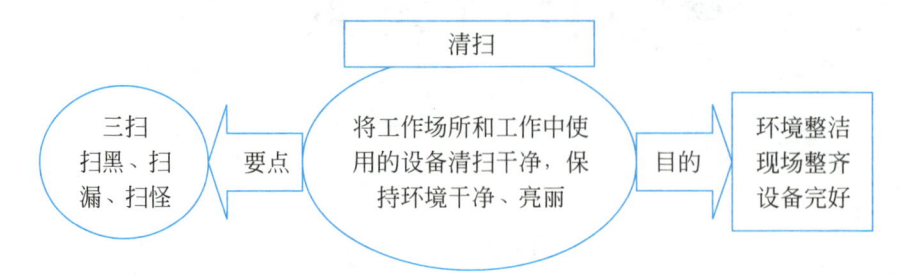

```
                        清扫
      ┌─────┐       ┌─────────────┐       ┌─────┐
      │ 三扫 │       │将工作场所和工作中使│       │环境整洁│
      │扫黑、扫│ 要点 │用的设备清扫干净，保│ 目的 │现场整齐│
      │漏、扫怪│       │持环境干净、亮丽   │       │设备完好│
      └─────┘       └─────────────┘       └─────┘
```

图 5-1　清扫的含义

● 清扫的要点是三扫，即扫黑、扫漏、扫怪，具体如下：

扫黑：扫除垃圾、灰尘、粉尘、纸屑、蜘蛛网等。

扫漏：发现漏水、漏油等现象要进行擦拭，并查明原因，采取措施进行整改。

扫怪：对异常声音、温度、震动等进行整改。

● 清扫的目的是：使环境整洁，使现场整齐，使设备完好。

环境整洁：通过清扫，使环境干净整洁、无灰尘、无脏污。

现场整齐：通过清理杂物，使现场整齐，无杂物。

设备完好：通过点检维修，使设备处于完好状态，无松动、开裂、漏油。

5.1.2 清扫的对象

各部门在清扫过程中，首先应明确清扫的对象，然后才能进行合理的、正确的清扫。清扫的对象包括空间、物品和污染源，具体如表 5-1 所示。

表 5-1 清扫的对象

清扫对象		具体说明
空间		◆彻底清除地面、墙壁、窗台、天花板上所有的灰尘和异物
物品	设备、工具	◆擦拭设备表面及内部的油渍及污垢 ◆检查并修复设备的异响、松动、震动、漏油等现象 ◆修复有缺陷的工具
	其他生产或办公物品	◆对各场所内的物品要按照整理、整顿的办法进行清理，去除杂物 ◆对工作中所用到的物品要进行擦拭或清洗，以保持其状态良好 ◆对有瑕疵的物品进行恢复和整修
污染源		◆清扫过程中，应注意检查产生废气、废水、固体污染物的污染源，并采取相应措施进行控制

◯ 清扫的三个对象是相辅相成的：清扫地面、墙壁、窗台、天花板是为了给物品创造干净、整洁的空间；而清扫设备在内的物品，是为了发现并控制污染源；控制住污染源，才能进一步进行彻底的清扫，以保证环境质量，保证设备、物品完好。

◯ 清扫不是简单的扫除，而是为了改善环境，提高工作质量，清扫的对象也不仅仅是垃圾和灰尘污垢，还应消除物品的各种不便利。

5.1.3　清扫的实施步骤

在清扫活动中，各部门、车间人员应首先按区域责任制落实清扫的责任人，接着按清扫对象准备清扫工具，然后彻底实施清扫，最后，对清扫中发现的问题进行整改。清扫的实施步骤如图 5-2 所示。

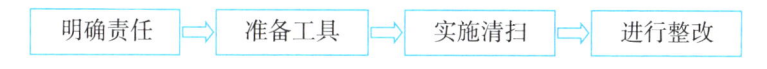

明确责任 ⇨ 准备工具 ⇨ 实施清扫 ⇨ 进行整改

图 5-2　清扫的实施步骤

◯ 明确责任，就是将清扫工作责任到人，明确规定责任人的清扫区域、清扫对象、清扫目标、清扫时间，以避免产生无人清扫的位置。

◯ 准备工具，指各车间、部门根据自己负责的清扫对象准备相应的工具。比如，清扫地面应准备扫帚、拖把、垃圾斗、水桶等。

◐ 实施清扫，指明确清扫对象之后，各车间、部门应按要求进行清扫。实施清扫的基本要点如下：

①对清扫对象执行例行扫除，清除灰尘和污垢。

②在清扫中，检点设备、物品有无损坏、裂纹等现象。

③调查并控制污染源。

◐ 进行整改，指针对清扫中发现的问题要及时进行整修，以真正达到清扫的目的。

5.1.4 清扫的注意事项

开展清扫活动的最终目的是保持良好的工作环境、提高作业质量。为了达到这个目的，在清扫中应遵循如图5-3所示的注意事项。

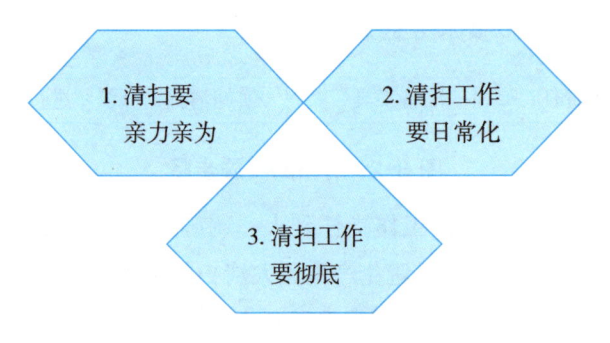

图 5-3 清扫的注意事项

◐ 清扫要亲力亲为：企业不要专门聘请清洁工来进行清扫，而应要求员工亲自动手，以发现现场的问题。例如，通过清扫擦拭掉灰尘，就可能发现设备的瑕疵、裂纹和松动。

◐ 清扫工作要日常化，指清扫活动不在于几次突击大扫除，而在于在日常工作中保持清扫的理念，看到垃圾及时清理。

◐ 清扫工作要彻底，指在清扫中，既要彻底消除卫生死角，又要彻底解决污染源，消除应付的心态和行为。

5.2 清扫的方法技巧

5.2.1 明确清扫作业范围：划分清扫责任区

企业对于清扫应进行现场区域划分，实行区域清扫责任制，以切实地落实清扫工作。划分清扫责任区的操作步骤如图 5-4 所示。

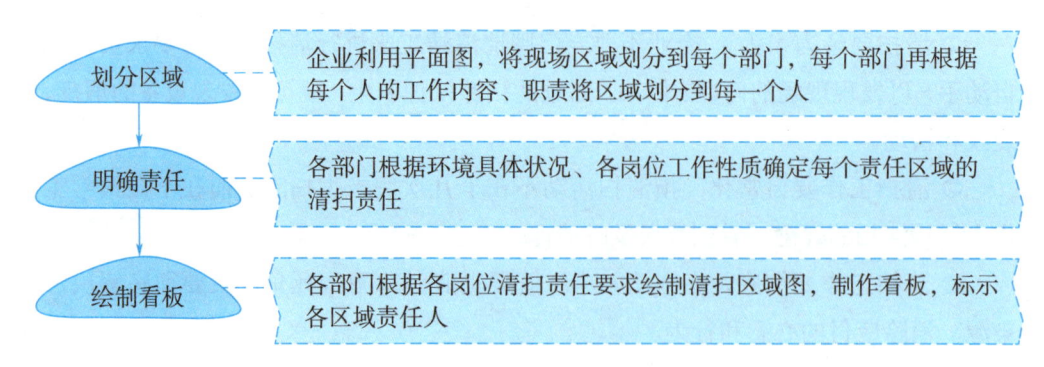

```
划分区域 ----  企业利用平面图，将现场区域划分到每个部门，每个部门再根据
              每个人的工作内容、职责将区域划分到每一个人
   ↓
明确责任 ----  各部门根据环境具体状况、各岗位工作性质确定每个责任区域的
              清扫责任
   ↓
绘制看板 ----  各部门根据各岗位清扫责任要求绘制清扫区域图，制作看板，标示
              各区域责任人
```

图 5-4　划分清扫责任区的操作步骤

○ 划分责任区域时，有以下注意事项：

①各部门和员工负责的清扫区域，与部门和员工的工作内容和工作区域相关。

②各公共区域应采用轮流值日的方式，进行区域划分。

○ 明确清扫区的职责内容，需要制定清扫责任表，清扫责任表示例如表5-2所示。

表 5-2　清扫责任表示例

7S 区域	责任人	责任目标	时间
物料区	赵六	地面无杂物，区域内除原料外无其他物品存放	
作业区	张三	设备干净、无灰尘，作业场所、作业台面整齐，垃圾桶及时清倒	
工具区	李四	工具摆放整齐，柜面干净整洁，柜内无杂物	
不良品区	钱七	地面无杂物，区域内除不良品外无其他物品存放	
休息区	王五	地面无杂物，休息凳摆放整齐	

◯ 制作清扫责任看板，目的是对责任人予以提醒，同时让其他人予以监督，以使清扫工作更为彻底。清扫责任区看板示例如图 5-5 所示。

清扫责任区看板	
清扫区域	A1—B1
清扫责任人	张××
清扫时间	星期一到星期五 早7：40—7：55

图 5-5　清扫责任区看板示例

5.2.2　明确清扫作业标准：制定清扫作业指导书

确定了清扫责任区和责任人，企业还应着手制定清扫标准，使其成为清扫的作业指导书，以便指导员工进行正确的清扫。清扫作业标准的要点如图 5-6 所示。

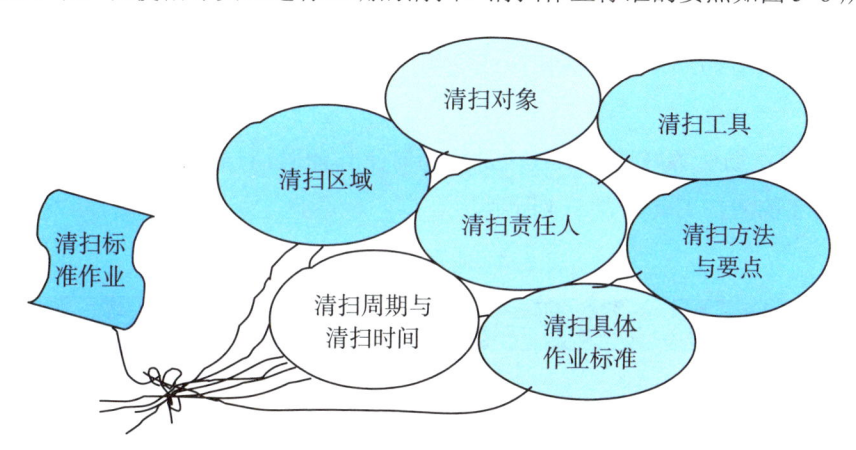

图 5-6　清扫作业标准的要点

◯ 企业应按照上述内容逐项进行确定，制定清扫标准。清扫标准举例如表 5-3 所示。

表 5-3　企业电脑清扫作业标准

清扫区域：办公室　　　　　清扫对象：电脑　　　　　清扫责任人：各部门电脑操作人员

项目	清扫工具	清扫方法	清扫标准	周期
工作台	湿抹布、卷纸	先用湿抹布擦拭，再用卷纸擦拭	无脏污、无灰尘、无杂物	1 次 / 日
主机	干抹布	用干抹布擦拭	无灰尘、无污垢	1 次 / 日
显示器	干抹布、卷纸	用干抹布擦拭外壳，用卷纸擦拭屏幕	光亮、无灰尘	1 次 / 日
周边设备	卷纸	用卷纸擦拭鼠标、键盘等周边设备	无灰尘、无污垢	1 次 / 日

5.2.3　清扫工作实施方法一：随时工作随时清扫

贯彻落实清扫工作，应在工作中随时清扫，而不只是在开展 7S 活动的时候才进行清扫。例如，修理设备产生的油污，切削物料产生的粉末，都应该随时清扫。

各部门要贯彻执行随时工作随时清扫的工作要求，应该把握两项工作要点：一是将清扫作为工作内容的一部分；二是在工作场所要备好清扫工具，随时进行清扫。

◯ 要将清扫作为工作内容的一部分，可在员工的岗位职责中，明确规定员工应对刚产生的脏污立即进行清扫，或利用闲暇时间进行清扫，促使员工随时进行清扫。

◯ 在工作场所备好清扫工具，是为随时工作随时清扫提供物质条件。一般情况下，常备的清扫工具如表 5-4 所示。

表 5-4　常备的清扫工具

场所	清扫工具
办公室	吸尘器、扫帚、拖把、纸篓、抹布、卷纸
生产现场	扫帚、垃圾斗、垃圾桶、毛巾、卷纸、毛刷、海绵
通道、卫生间、休息间等其他区域	扫帚、拖把、垃圾斗、垃圾桶、抹布、清洁剂

在工作场所备齐清扫工具，方便随时工作随时清扫。

5.2.4　清扫工作实施方法二：彻底清扫不留死角

彻底清扫不留死角，是指员工在清扫过程中，要特别留意和清扫不容易看到的地方。清扫不留死角，主要应把握两个工作要点：一是明确工作现场的死角；二是对各个死角进行特殊的清扫。

➲ 工作现场的死角包括不容易发现的死角、物品破损形成的死角、由于摆放不合理形成的死角等，具体如表 5-5 所示。

表 5-5　工作现场的死角

清扫死角种类	举例
不容易发现的死角	办公桌后面、抽屉内部、设备内部、显示器后面、灯罩里面
物品破损形成的死角	如工作台破损形成裂口，会积聚很多灰尘、污垢
由于摆放不合理形成的死角	如两台设备距离太近，形成的死角

➲ 对清扫死角进行清扫，应根据清扫死角的具体情况采用合适的方法。

① 对于不容易发现的死角，应仔细检查每一角落，进行彻底清扫不留死角。

② 由于物品破损形成的死角，应及时修复破损，然后进行彻底的清扫。

③ 由于摆放不合理形成的死角，应根据整顿要求，合理规划与调整摆放，然后进行清扫。

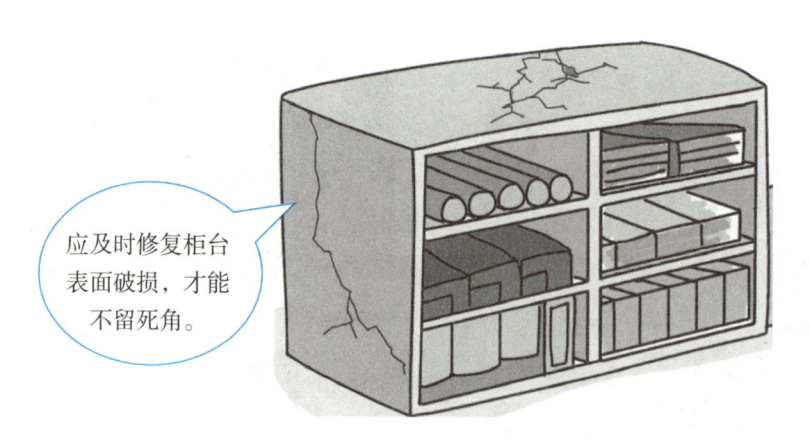

5.2.5 清扫工作实施方法三：看到脏乱立即清理

看到脏乱立即清理，目的是防止脏物扩散，保持良好工作环境，提高工作质量。其工作要点如图 5-7 所示。

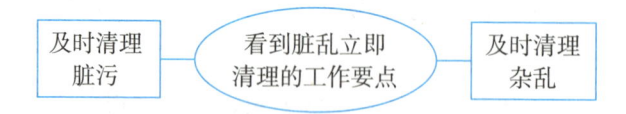

图 5-7 看到脏乱立即清理的工作要点

◐ 及时清理脏污，是在日常工作中，对发现的脏污、灰尘等，要及时进行清扫，以保证工作场所整洁、干净。

◐ 及时清理杂乱，既是对整理和整顿工作的彻底落实，也是对清扫工作的有力支撑。其工作要点如下：

①在地面、物品存储场所发现杂物，应先清扫，再按整理工作的相关要求进行处理。比如，对切削时落入原料堆里的废料，应先清扫出来，然后进行废弃处理。

②在工作中发现物品放置凌乱，应按定置定位的要求，重新放回原来的位置。

5.2.6 查找并治理污染源：杜绝脏物产生

工作场所产生脏物之后，如果不及时处理，可能危害员工健康，也可能发生异常和不良情况。如电路板上的脏污可能造成短路或断路，机器上残留的污垢会影响精度。因此，应该及时查找并治理污染源。

1. 查找污染源

现场的污染源，主要包括气体污染物、液体污染物和固体污染物，因此查找污染源时需要从这三个方面进行检查，具体措施如图 5-8 所示。

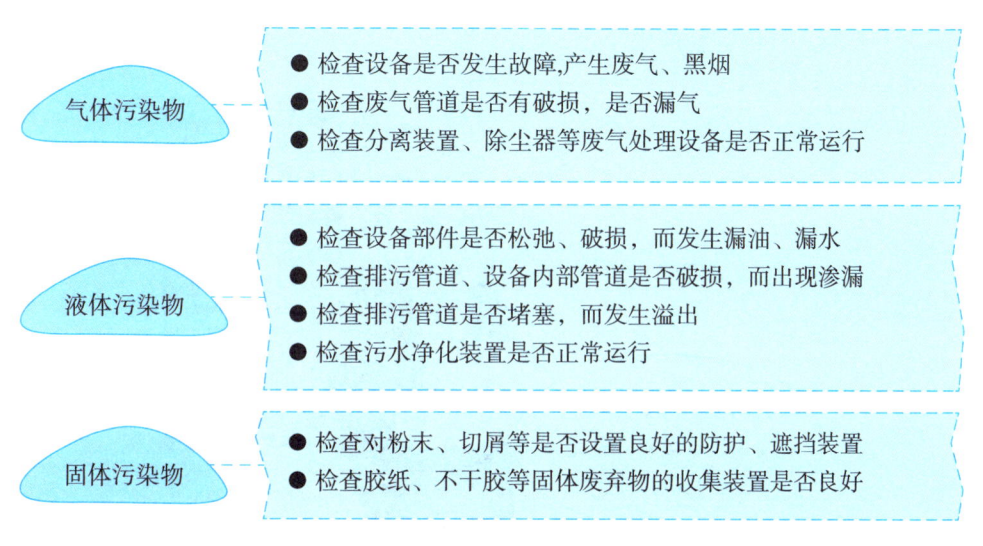

气体污染物
- 检查设备是否发生故障，产生废气、黑烟
- 检查废气管道是否有破损，是否漏气
- 检查分离装置、除尘器等废气处理设备是否正常运行

液体污染物
- 检查设备部件是否松弛、破损，而发生漏油、漏水
- 检查排污管道、设备内部管道是否破损，而出现渗漏
- 检查排污管道是否堵塞，而发生溢出
- 检查污水净化装置是否正常运行

固体污染物
- 检查对粉末、切屑等是否设置良好的防护、遮挡装置
- 检查胶纸、不干胶等固体废弃物的收集装置是否良好

图 5-8 查找污染源的措施

2. 治理污染源

员工在查找污染源后,应根据污染源产生的具体原因采取适当的措施进行治理,具体方法如表 5-6 所示。

表 5-6 治理污染源的具体方法

治理对象	方法
设备	◆如果设备发生故障,产生烟雾等,应及时查明故障原因,并予以修复 ◆如果设备部件松弛,造成漏油、漏水等,应及时紧固部件
管道	◆如果管道发生破损,应及时修复 ◆如果管道发生堵塞,应及时通过引导或溶解的方法疏通堵塞
净化装置、防护装置	◆如果净化装置发生故障,产生大量废气、废水、固体废弃物,应及时修复装置 ◆研讨各种先进的防护措施和防护装置,比如,在容易产生粉末、切屑的部位装上挡板、盖板等改善装置,减少固体污染物的污染

● 必须通过每天的清扫工作,查明冒气、冒烟、漏油、漏水的问题所在,从根本上解决这些问题。

● 可根据实际检查结果制定污染源发生清单,按照清单逐项改善,以从根本上解决污染源,杜绝脏物产生。

> 我们根据污染源发生清单逐项改善,杜绝了脏物的产生。

5.2.7　清扫工具归位放置：便于随时使用

清扫工具归位放置，是指在完成清扫之后，按照定位标准，将扫帚、拖把等清扫工具放回原来的位置。其主要包括两项要点：一是清扫工具准确定位，二是及时将清扫工具归位。

1. 清扫工具准确定位

为了能够随时方便、快捷地使用清扫工具，工作人员应根据具体的工具类型而采用不同的方式将清扫工具定位放置在规定场所，具体如图 5-9 所示。

➲ 对于吸尘器、扫帚、垃圾斗、拖把等相对大件的物品，在贴墙角的位置画线定位。

➲ 对于毛刷、洗洁精、手套、抹布等相对小件物品，应放置在台架上，用标签标识。

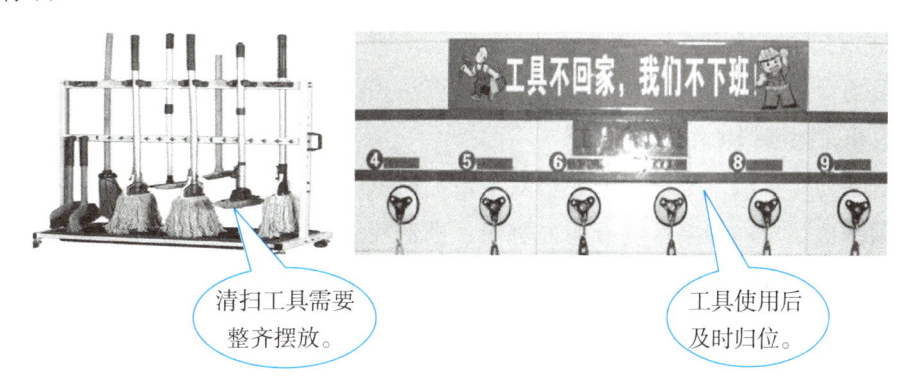

图 5-9　清扫工具定位图示　　图 5-10　清扫工具归位图示

2. 及时将清扫工具归位

清扫工具有了确定的放置场所，在使用完清扫工具之后，就应该及时将其放回指定的位置，以便随时使用，具体如图 5-10 所示。

5.2.8　及时检查清扫工作：角落细节着手

1. 清扫工作检查内容

对清扫工作的检查，主要应从细节着手，多注意各种角落、各种细节问题及污染源。检查内容具体如图 5-11 所示。

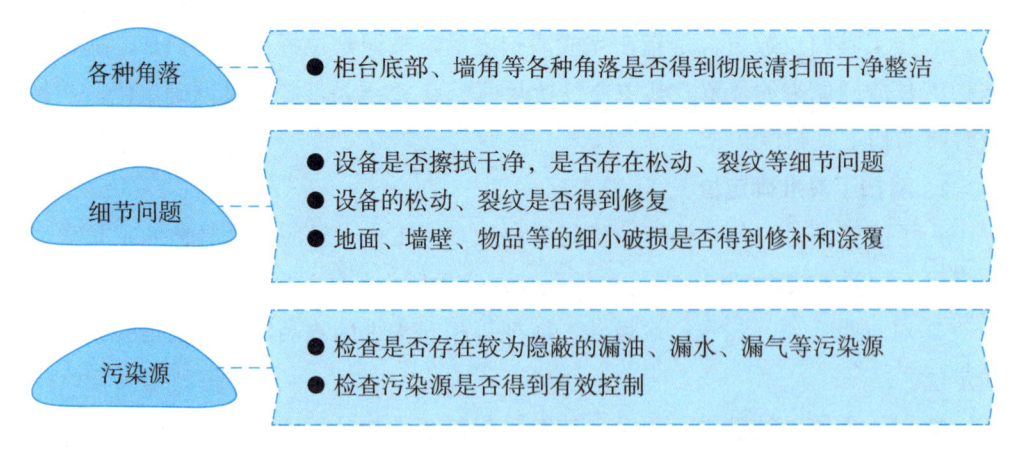

各种角落
- 柜台底部、墙角等各种角落是否得到彻底清扫而干净整洁

细节问题
- 设备是否擦拭干净，是否存在松动、裂纹等细节问题
- 设备的松动、裂纹是否得到修复
- 地面、墙壁、物品等的细小破损是否得到修补和涂覆

污染源
- 检查是否存在较为隐蔽的漏油、漏水、漏气等污染源
- 检查污染源是否得到有效控制

图 5-11　清扫工作检查内容

2. 清扫工作检查方法

现场管理人员应用目测法和白手套检查法相结合检查清扫工作效果，以进一步整改和完善清扫工作。

白手套检查法，是指检查人员双手戴上白色干净手套，在检查对象的相关部位来回刮擦数次，如果手套有明显脏污，则证明清扫工作没做好，反之则说明符合要求。白手套检查法如图 5-12 所示。

干不干净展示一下白手套，无须多言。

图 5-12　白手套检查法

5.3 清扫的具体实施

5.3.1 地面的清扫

清扫地面时，首先应处理污染源，再清理地面的杂物，然后用扫帚扫去灰尘，最后去除污渍。地面的清扫步骤如图 5-13 所示。

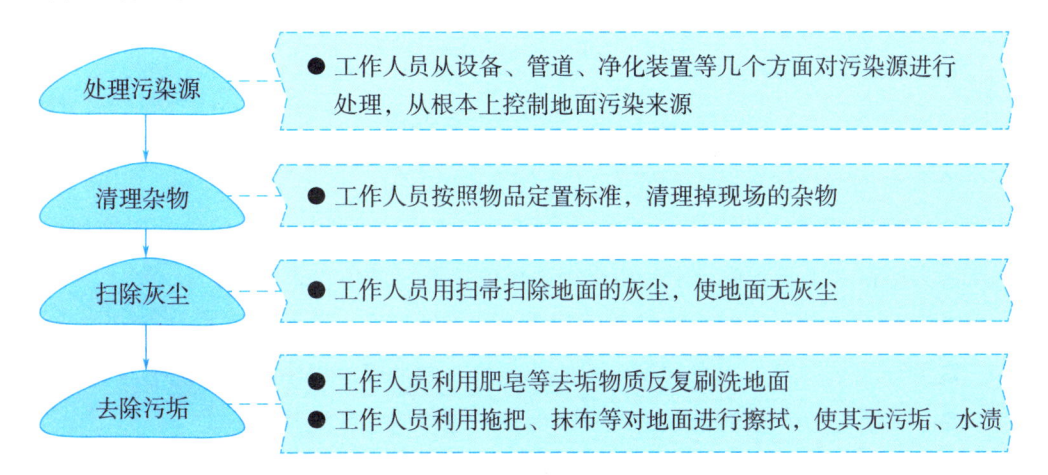

处理污染源
- 工作人员从设备、管道、净化装置等几个方面对污染源进行处理，从根本上控制地面污染来源

清理杂物
- 工作人员按照物品定置标准，清理掉现场的杂物

扫除灰尘
- 工作人员用扫帚扫除地面的灰尘，使地面无灰尘

去除污垢
- 工作人员利用肥皂等去垢物质反复刷洗地面
- 工作人员利用拖把、抹布等对地面进行擦拭，使其无污垢、水渍

图 5-13 地面的清扫步骤

◐ 地面清扫工作要达到的标准是：干净整洁、无灰尘、无污垢、无杂物。

◐ 地面清扫的范围包括设备周围、通道、堆放物品地、办公室、楼梯等的地面。

◐ 清扫之后，在水泥地面上涂上蜡或其他涂料，用以防尘。

◐ 地面清扫时，应检查地面上的各种标识，如有不清晰或破损，要按要求予以恢复。

5.3.2 窗台的清扫

部门、车间对窗台进行清扫，在准备好合适的清扫物品后，首先应将窗台上的杂物清理干净，然后对玻璃进行擦洗，最后对玻璃、台面进行擦拭，具体步骤如图 5-14 所示。

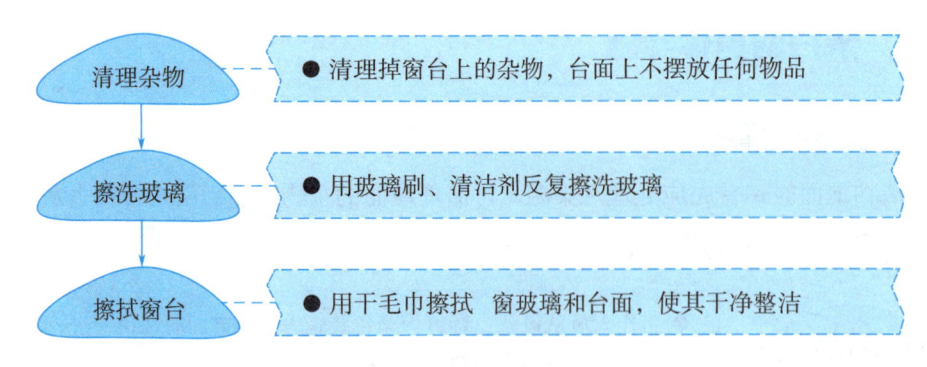

```
清理杂物 ──● 清理掉窗台上的杂物，台面上不摆放任何物品
   ↓
擦洗玻璃 ──● 用玻璃刷、清洁剂反复擦洗玻璃
   ↓
擦拭窗台 ──● 用干毛巾擦拭 窗玻璃和台面，使其干净整洁
```

图 5-14　窗台的清扫步骤

● 窗台的清扫标准是：无杂物、无灰尘、无污垢。

● 窗台有明显的污垢来源，也应采取相应的措施对污染源进行处理。如切削时产生大量粉末飞溅到窗台上，应采用盖板或挡板，避免粉末飞溅。

● 对于窗玻璃，应注意将其两面都清洗、擦拭干净，具体如图 5-15 所示。

● 对于窗框内部、窗台与窗框形成的死角，要彻底挖出污垢，清洗干净。

● 窗台台面及玻璃有破损的地方，要及时进行修补或更换。

图 5-15　窗玻璃两面擦洗场景图

5.3.3　工具设备的清扫

1. 设备的清扫

设备一旦被污染，就容易出现异常甚至出现故障，并缩短寿命。因此，应每

天对设备进行清扫,在清扫的过程中检查异常,发现异常后及时进行处理。设备的清扫步骤如图 5-16 所示。

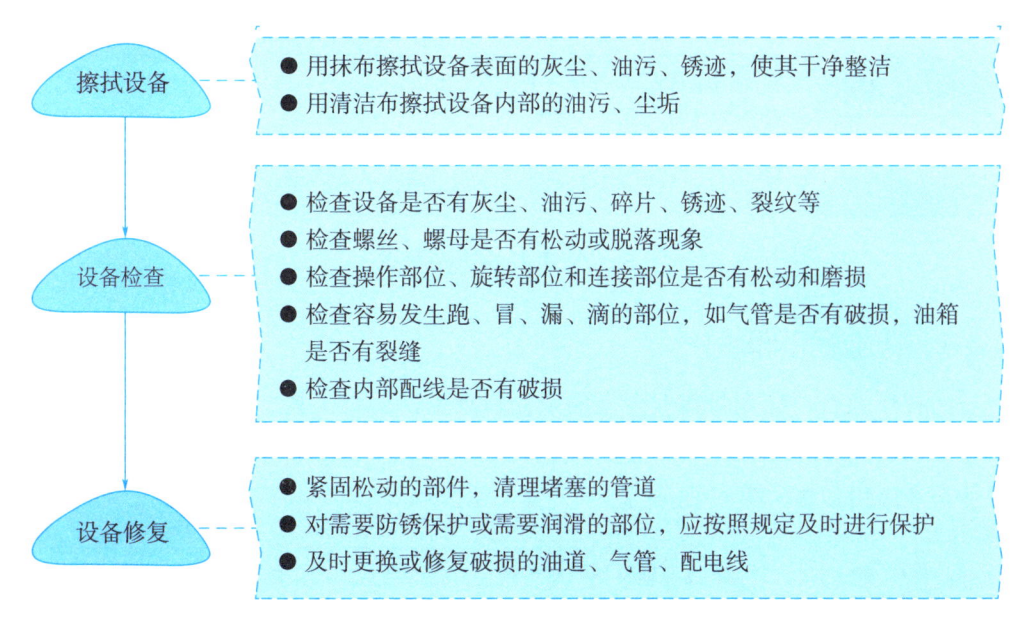

擦拭设备
- 用抹布擦拭设备表面的灰尘、油污、锈迹,使其干净整洁
- 用清洁布擦拭设备内部的油污、尘垢

设备检查
- 检查设备是否有灰尘、油污、碎片、锈迹、裂纹等
- 检查螺丝、螺母是否有松动或脱落现象
- 检查操作部位、旋转部位和连接部位是否有松动和磨损
- 检查容易发生跑、冒、漏、滴的部位,如气管是否有破损,油箱是否有裂缝
- 检查内部配线是否有破损

设备修复
- 紧固松动的部件,清理堵塞的管道
- 对需要防锈保护或需要润滑的部位,应按照规定及时进行保护
- 及时更换或修复破损的油道、气管、配电线

图 5-16 设备的清扫步骤

○ 某些设备维修过多次但仍然频繁发生故障,应彻底进行清扫检查,然后进行细致、精密的改善,对于无法维修的设备,可适当地进行淘汰。

○ 在日常工作中,工作人员应将清扫与点检、保养工作充分结合。

○ 工作人员对设备进行清扫时,不但要对设备本身进行检查,还要对辅助设备进行彻底的检查。如检查限位开关是否老化、损坏。

○ 对设备进行检查时,还应检查设备周边的清扫状态,如不需要物品是否按规定进行处理,是否有杂物堆放,设备周边环境是否干净整洁。

2. 工具的清扫

工具表面的油污、灰尘也会影响工具的精度、效用,因此,现场人员应及时对工具进行清扫。其清扫要点包括清理杂物、擦拭工具、修复异常,其要点如图 5-17 所示。

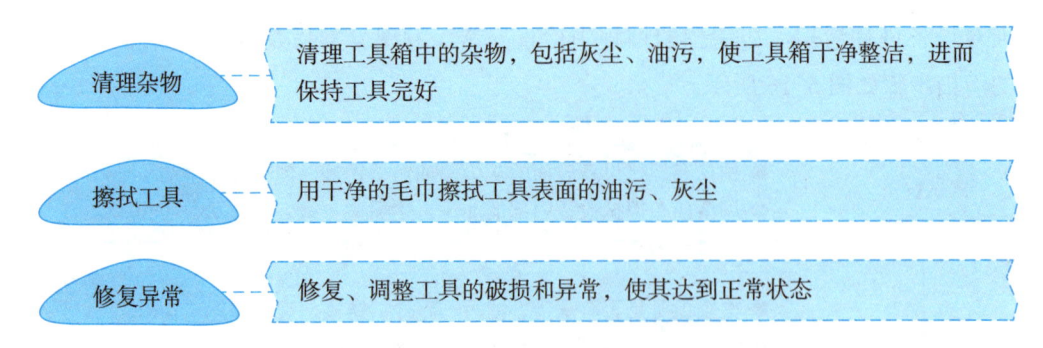

清理杂物	清理工具箱中的杂物，包括灰尘、油污，使工具箱干净整洁，进而保持工具完好
擦拭工具	用干净的毛巾擦拭工具表面的油污、灰尘
修复异常	修复、调整工具的破损和异常，使其达到正常状态

图 5-17　工具的清扫要点

5.3.4　作业台的清扫

清扫作业台，应先将作业台上的杂物清理掉，再将工具、物品搬离作业台，对作业台进行清洗、擦拭，然后按要求擦拭工具和物品，最后将工具、物品归位放置。作业台的清扫步骤如图 5-18 所示。

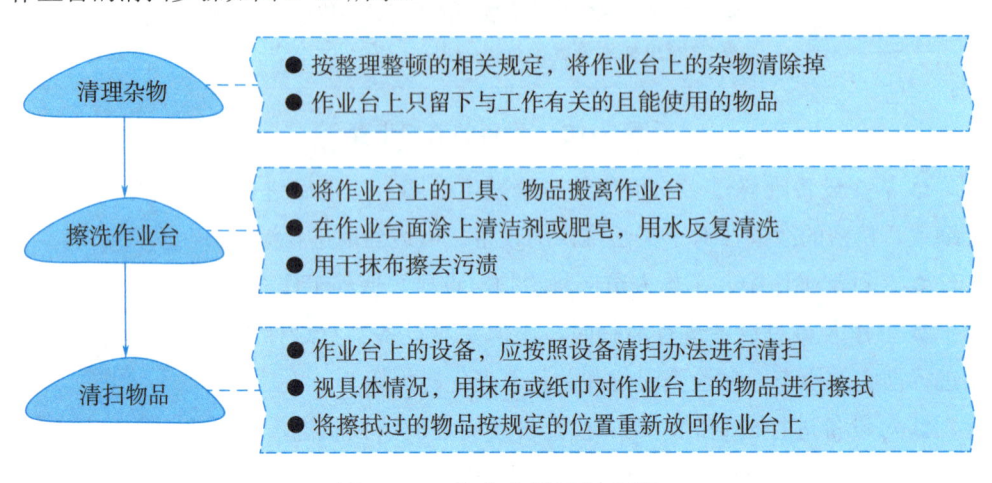

清理杂物	● 按整理整顿的相关规定，将作业台上的杂物清除掉 ● 作业台上只留下与工作有关的且能使用的物品
擦洗作业台	● 将作业台上的工具、物品搬离作业台 ● 在作业台面涂上清洁剂或肥皂，用水反复清洗 ● 用干抹布擦去污渍
清扫物品	● 作业台上的设备，应按照设备清扫办法进行清扫 ● 视具体情况，用抹布或纸巾对作业台上的物品进行擦拭 ● 将擦拭过的物品按规定的位置重新放回作业台上

图 5-18　作业台的清扫步骤

⮕ 作业台的清扫标准是：无杂物、无灰尘、无污垢。

⮕ 对作业台上沉积多年的污垢，或是夹缝中的污垢，应先采用钢刷进行彻底的清理，再用抹布擦拭。

⊙ 对作业台或放置作业台的地面破损的地方,应及时进行修复,使其平整。

5.3.5 办公台的清扫

清扫办公台,就是采取相关措施,保持办公台干净整洁。办公台的清扫包括办公台面的清扫和抽屉的清扫。办公台面与抽屉的清扫场景图如图5-19所示。

1. 办公台面的清扫

办公室人员对办公台面进行清扫,应把握以下几项要点:清理杂物、清扫办公台面、清扫台面上的物品。

⊙ 清理杂物,需要落实整理整顿工作的内容,将"不需要"的物品从桌面清除,将必要的物品按其使用频率置于文件夹、抽屉中、物品柜内。

⊙ 清扫办公台面,其工作要点如下:
①办公台面清扫时各个部位都不放过,包括摆放物品的角落及桌子侧面和底部。
②清扫台面时,可将桌面上的物品暂时搬离桌面,再进行清扫。
③先用湿抹布擦拭各个部位,然后用纸巾擦去水渍、污垢,使各部位无灰尘、无污垢。
④对办公台破损的部位,应采取措施进行修补。

⊙ 清扫台面上的物品,需要对电脑等物品依次进行擦拭、清扫,保证其清洁、完好。
①清扫电脑时,应使用卷纸擦拭显示器屏幕,用干毛巾擦拭其他部位,电脑键盘的缝隙也要清扫干净。
②清扫电话时,应拿下话筒,对各个容易藏污的凹陷部位进行仔细擦拭。
③清扫其他物品时,也应注意其细节部位,并保持物品完好。

2. 抽屉的清扫

清扫抽屉时,首先应按使用频率清理抽屉里的杂物,再将物品取出来,对抽屉内外进行彻底的清扫。办公抽屉的清扫步骤不再赘述,其注意事项如下:

⊙ 将物品取尽之后,应将抽屉取出来,再翻转过来,倒出里面的灰尘。

⊙ 对抽屉的四壁和壁脚,应使用毛刷进行特别的清理。

⊃ 对抽屉中有缝隙的地方，应采用干胶进行填补，以免堆积污垢。

⊃ 清扫过程中，应检查抽屉是否有破损，滑轨是否良好。

①如果抽屉存在破损，应及时进行修复。

②如果滑轨生锈或失灵，应加少量润滑剂，使其恢复良好状态。

清理办公桌面，使办公桌干净整洁。

电脑、电话键缝隙都要清扫干净。

对各个办公抽屉拆除进行清理。

图 5-19　办公台面与抽屉的清扫场景图

5.3.6　文件资料的清扫

文件资料的清扫，不同于一般物品的清扫。其清扫步骤是，首先取出文件，对文件进行清理，然后对文件盒进行清扫，最后将文件重新装入文件盒，具体步骤如图 5-20 所示。

清理文件 → 擦拭文件盒 → 文件归位

图 5-20　文件的清扫步骤

⊃ 清理文件，应首先将文件资料从文件盒中取出，并按顺序丢弃不用的文件。不用的文件资料如下所示：

①过时表单、报告书、检验书、无用的名片、贺卡等
②修正完毕的原稿
③处理过的各式表单
④过期的报纸、杂志
⑤过期的会议通知、联络单等
⑥无保留价值的传真和文件

● 擦拭文件盒，先用湿毛巾将文件盒里里外外擦拭一遍，再用纸巾擦去污垢。

● 文件归位，是指在清扫文件盒之后，将清理后的文件重新放入文件盒，并删去目录中丢弃的文件名，重新索引。

5.3.7 仓库货架的清扫

仓库货架的清扫，包括货架的清扫和货架上货物的清扫。

1. 货架的清扫

仓库货架的清扫，是仓库清扫的基本工作，其主要清扫要点如下所示：

● 清除杂物，指将仓库内不需要的物品和损坏的物品清除出去。

● 扫除脏污，对仓库的地面、墙面、窗户及货架下面等各方面进行彻底清扫，保证无脏污、无灰尘。

● 擦拭货架，指用干抹布擦拭货架的每一个部分，尤其对于货架与货物接触的部位，应特别进行仔细擦拭，以观察货物是否存在损伤。

● 检查环境，就是在清扫的过程中，检查仓库的通风装置、防潮防腐装置等是否良好，如有问题应及时采取措施进行修复。

2. 货物的清扫

对于货架上货物的清扫，应把握如图 5-21 所示四项要点。

清理货物	根据整理工作的相关规定,清理货架上变质、损坏的货物
擦拭货物	根据物品的特性,采用合适的方法对货架上的货物进行擦拭
检查包装	在清扫过程中检查包装是否完好,如有破损应及时修复或更换
检查标识	检查物品标识是否清晰准确,是否破损,如有问题及时处理

图 5-21　货物的清扫要点

第 6 章 清洁实施

6.1 清洁的基础知识

6.2 清洁的方法技巧

6.3 清洁的具体实施

6.1 清洁的基础知识

6.1.1 清洁的含义

清洁是在整理、整顿、清扫之后，认真维护已取得的成果，并将整理、整顿、清扫进行到底，使之制度化、标准化。其含义如图 6-1 所示。

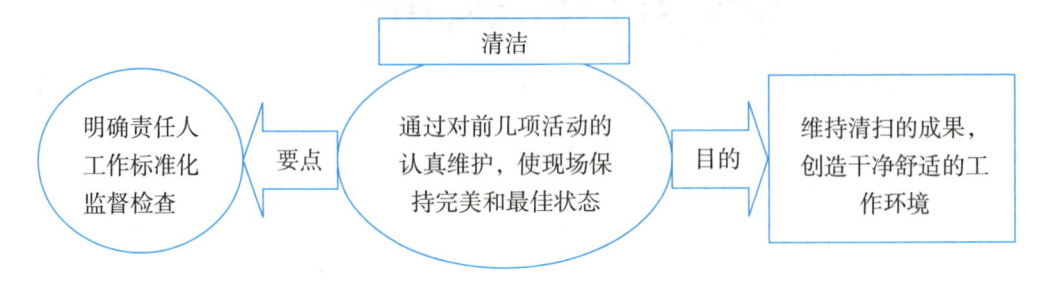

图 6-1 清洁的含义

- 清洁的要点是明确责任人、工作标准化和监督检查，具体如下：
① 明确责任人：明确企业内所有区域的责任人。
② 工作标准化：制定明确的整理、整顿、清扫制度，规定清洁目标、方法，将其标准化。
③ 监督检查：通过定期检查、相互监督等方法，加强对清扫工作的检查监督。
- 清洁的目的是维持清扫的成果，创造干净舒适的工作环境，具体如下：
① 维持清扫的成果，使员工负责的工作区域、机器设备保持干净整洁。
② 干净整洁、无污渍的工作环境能给人以舒适的感觉。

6.1.2 清洁的标准

清洁标准可使清洁工作内容和目标更加明确化。因此 7S 推行人员应根据各部门工作内容、工作环境制定明确的清洁标准，以指导各部门清洁工作。清洁的标准如表 6-1 所示。

表 6-1 清洁的标准

项次	检查项目	等级	得分	考核标准
1	通道和作业区	1级	0	没有划分
		2级	2	画线清楚,地面未清扫
		3级	5	通道及作业区干净、整洁,令人舒畅
2	地面	1级	0	有污垢,有水渍、油渍
		2级	2	没有污垢,有部分痕迹,显得不干净
		3级	5	地面干净、亮丽,感觉舒畅
3	货架、办公桌、作业台、会议室	1级	0	很脏乱
		2级	2	虽有清理,但还是显得脏乱
		3级	5	干净、整洁,任何人都觉得很舒服
4	区域空间	1级	0	阴暗,潮湿
		2级	2	有通风,但照明不足
		3级	5	通风、照明适度,干净、整齐,感觉舒服
备注	1级——差、2级——合格、3级——良好			

6.1.3 清洁的实施步骤

在清洁活动中,各部门、车间人员应首先贯彻落实整理、整顿、清扫工作的内容,然后由 7S 推行委员会检查清洁状态、实施奖惩,并指导各部门根据检查结果进行分析，不断完善。清洁的实施步骤如图 6-2 所示。

开展3S工作 ⇨ 工作标准化 ⇨ 设定"责任人" ⇨ 检查与奖惩 ⇨ 分析与完善

图 6-2　清洁的实施步骤

➲ 开展 3S 工作，就是根据前文的方法开展整理、整顿、清扫工作。开展 3S 工作要注意以下两点：

① 如果前 3S 未能彻底执行，则原先设定的画线标识与废弃物的存放地，会成为新的污染源而造成困扰。

② 班组长和各部门负责人要主动参加。

➲ 工作标准化，是指制定整理、整顿、清扫的工作标准、工作方法和监督检查办法、奖惩办法，以便将各项活动标准化、制度化，以维持各项工作成果，并使其不断完善。

➲ 设定"责任人"，"责任人"必须以较厚卡片和较粗字体标示，并且张贴或悬挂在责任区最明显易见的地方。

➲ 检查与奖惩，是为确保清洁活动持续、有效开展，7S 推行委员会根据事先确定的工作标准和工作办法进行检查，并对实施效果较好的部门给予奖励，反之给予惩罚。

➲ 分析与完善，指分析检查中遇到的问题，并针对问题进行改善，以保持清洁状态。

6.1.4　清洁的注意事项

清洁活动可有效维持现有工作成果，对现有不足做出反省，采取对策，并为活动的深入做铺垫，它是 7S 活动的稳定、提升阶段。清洁的注意事项如图 6-3 所示。

➲ 要有全面的制度保障，指为全面落实整理、整顿、清扫工作，应制定工作标准、奖惩等制度，实现全方位的保障。

➲ 制度内容应取得认可，是因为如果只制定了明确的清洁标准、办法、奖惩制度，而没有得到员工的普遍认同，清洁工作也不能取得良好效果。因此应通过自下而上的会议讨论，征得全体员工的认可。

图 6-3　清洁的注意事项

- 采取切实的行动，指实施清洁活动，不仅在于将措施制度化，更在于将制度落实到行动上。比如，现场有杂物，应立即清理；现场有脏污，应立即清扫；现场标识不清晰，应采用合适的方法进行重新标识。

- 及时提出异议，指在清洁活动中，员工发现清洁标准和相关制度与工作实际不相符的地方，应及时提出异议并采取相应措施进行处理。

6.2　清洁的方法技巧

6.2.1　开展前 3S 活动：清洁活动的基础

开展前 3S 活动，是指彻底贯彻落实整理、整顿、清扫工作，以打好清洁活动基础。

- 在整理活动中，各部门首先按照 7S 推行委员会的要求制定严格的"要与不要"的标准，进而通过全面检查、重点检查、下班检查确认"要与不要"物品，再利用红牌作战标记不要的物品，最后通过每日循环整理，合理处理不要物品。

- 在整顿活动中，各部门通过区域规划、定位定容定量、明确标识和及时归位，使物品摆放整齐、方便存取，同时逐渐形成整顿活动的规格化、制度化。

- 在清扫活动中，通过明确责任区、制定清扫标准、随时工作随时清扫、查找和控制污染源等措施，使环境整洁干净，提高工作效率。

- 以上措施是相辅相成的，各部门必须将其结合起来坚持实施，使其在日常工作中形成习惯，形成规范，为清洁工作打下基础。

整理、整顿、清扫形成了习惯，也就为清洁活动打下了基础。

整理

整顿

清扫

6.2.2 保持自身清洁：确保彻底的清洁

在清洁工作中，各部门员工不仅要保持工作环境整齐整洁，而且员工自己也要保持清洁干净，如服装要清洁，仪表要整洁，以确保全面、彻底的清洁。员工保持自身清洁的方法包括制定清洁标准和员工之间相互的监督。

○ 企业应制定统一的清洁标准，以帮助员工进行自我清洁。员工清洁标准如表6-2所示。

表6-2 员工清洁卫生标准

对象	清洁标准
头发	员工头发应干净整齐、无头屑，不烫发，不染发
脸部	脸部干净，无污垢；男员工不留胡须，女员工不化浓妆
衣物	衣服整洁、完好、协调、无污物、无漏扣、无错扣
指甲	指甲要剪短，与指尖齐平

○ 相互监督，是指员工相互检查仪表和清洁卫生，并进行纠正，以保证员工自身清洁良好。例如，在晨会之前，相互检查衣服是否干净，是否穿戴整齐等。

员工清洁标准　　　　　　　　员工互相检查

6.2.3　清洁活动自我检查：以便主动改进

清洁活动自我检查，就是现场员工定时、不定时地依照清洁活动检查内容对员工个人及其负责的区域进行检查，以便发现问题及时改进。

清洁活动自检内容，应根据员工自身工作内容和 7S 活动相关要求来确定。作业区员工五分钟自我检查内容如表 6-3 所示。

表 6-3　作业区员工五分钟自我检查内容

项目		自我检查内容	改进措施
自身清洁		检查自身着装的整齐情况和清洁度	◆及时拉伸衣服的皱褶 ◆将糟乱的地方弄齐整，掸去灰尘
责任区清洁	整理	检查现场的物料、工具是否必需	◆及时按要求处理不用的物品
	整顿	检查设备、工具、物料是否放在指定位置	◆将移位的物品放到指定的位置
		检查物料是否按要求摆放	◆将混乱的物料按先后批次放置 ◆同一批次的物料，将轻的放上面
		检查物品、设备标签是否牢固，标识是否清晰	◆固定可能脱落的标签 ◆将有灰尘、脏污的标识牌擦干净
	清扫	检查作业区地面是否清洁	◆清理地上的杂物，如废料 ◆擦拭地面的脏污
		检查设备、仪器仪表、工具是否有灰尘，是否有脏污	◆用抹布擦拭设备、仪器仪表、工具上面的灰尘和污垢

6.2.4　及时巡查清洁活动：以便及时整改

在清洁活动中，7S 推行委员会应首先确定巡查标准，然后组织人员定期或不定期地到现场进行巡查，了解清洁活动的实际成果和存在的问题，并针对问题及时提出整改意见，督促现场人员进行整改。清洁活动巡查步骤如图 6-4 所示。

制定巡查表 → 进行巡查 → 进行整改

图 6-4　清洁活动巡查步骤

◐ 制定巡查表，就是 7S 推行部门根据巡查对象确定清洁标准，进而制定巡查表。

◐ 进行巡查，是指在清洁活动中，上级部门到现场了解清洁活动的效果及存在的问题，这是一个互动的过程。巡查的工作要点如下：

①上级领导在巡查中要关注细节和角落，通过检查每一个细节，引起全员的重视，以推动改善现场清洁工作。

②上级领导对好的地方要肯定和表扬，对有缺陷的地方要当场指出，并限期改正。

③在指出问题后，上级领导要鼓励员工自己提出改善的想法，以使整改落到实处。

④下级员工要全程陪同，并虚心做好记录，以便及时按要求进行正确的整改。

◐ 进行整改，是指巡查结束后，员工要坚持进行现场清洁。同时，对有问题的地方，应按照记录的项目内容、上级领导的整改意见和自己的想法逐项进行整改。

6.2.5　定期检查评比奖惩：保证活动持续进行

清洁的定期检查评比奖惩，是指 7S 推行委员会首先确定清洁检查标准，然后组织相关人员对各部门进行检查，依据其清洁实施情况进行打分、评比，并将评比结果与薪酬挂钩实施奖惩。整个过程会促使员工进行持续不断的改善，也能推动活动持续进行。

1. 确定检查标准

7S 推行委员会应根据各部门工作内容、清洁责任确定检查标准。作业区清洁定期检查评分表如表6-4所示。

表6-4 作业区清洁定期检查评分表

对象	检查内容	评分标准 1分	评分标准 3分	评分标准 5分	得分
地面	作业区画线是否准确	区画线不全或缺少	有区画线，但脏污或不清晰	区画线清晰准确	
地面	地面是否清洁	各处有垃圾，无清扫	有清扫，略有灰尘	干净明亮	
物料	物料架是否整齐、整洁	脏污、有杂物	干净，但有杂物	清洁、无杂物	
物料	物料放置是否整齐有序	未放在指定位置，也未按要求摆放	放在指定位置，但没按先进先出放置	物料放置整齐有序	
作业台	台上物品是否合理放置	物品无定位，且混乱放置	物品有定位，但放置凌乱	物品定位整齐有序	
作业台	作业台是否干净整洁	有脏污，有杂物	无脏污，但有杂物	无脏污、无杂物	
设备	设备是否准确定位	没有进行定位	有定位线，但没有放在指定位置	放置在指定位置	
设备	设备状态是否良好	设备脏污，有异响或异常震动	设备无脏污，但有异响、震动之类的异常	无脏污无异常	
工具	工具是否整洁、是否摆放整齐	工具摆放混乱，且有脏污	工具无脏污，但摆放混乱	工具干净，准确定位	
标识	标识是否清晰准确	设备、材料、工具无标识	有标识，但不清晰准确	有标识，并清晰准确	

⊃ 在制定检查表时，涵盖面要尽可能广，使区域的责任人关注点也更广更细。

⊃ 检查标准的描述要容易界定，有可操作性。

⊃ 检查时，要将部分注意力放在容易忽视的阴暗角落，可考虑老鼠蟑螂会按哪些路线爬动，就沿着这些路线去检查。

2. 评比和奖惩

7S 推行人员对各责任区进行检查后,应根据结果进行评比,并按要求实施奖惩。

（1）评比措施。

7S 推行委员会应根据实际情况对各部门清洁活动实施情况进行评比。评比具体措施如图 6-5 所示。

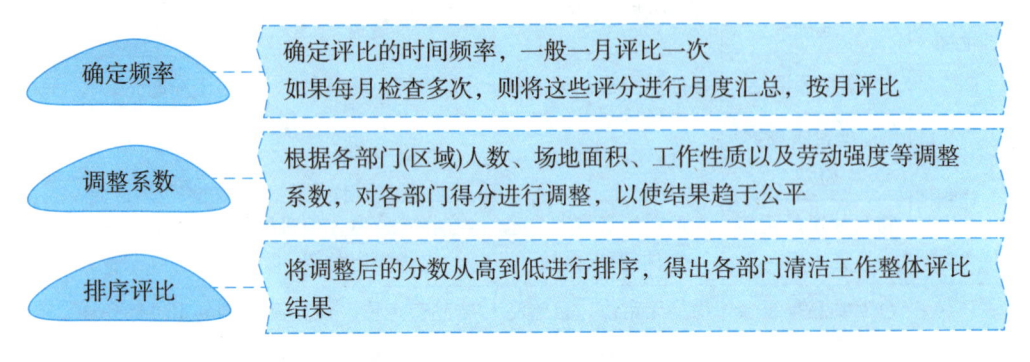

确定频率：确定评比的时间频率,一般一月评比一次。如果每月检查多次,则将这些评分进行月度汇总,按月评比

调整系数：根据各部门(区域)人数、场地面积、工作性质以及劳动强度等调整系数,对各部门得分进行调整,以使结果趋于公平

排序评比：将调整后的分数从高到低进行排序,得出各部门清洁工作整体评比结果

图 6-5 清洁活动评比措施

（2）实施奖惩。

7S 推行部门对各个责任区进行检查之后,应根据检查结果进行评比,并按要求实施奖惩：对前几名的单位发放奖金,对不合格的单位进行扣款。

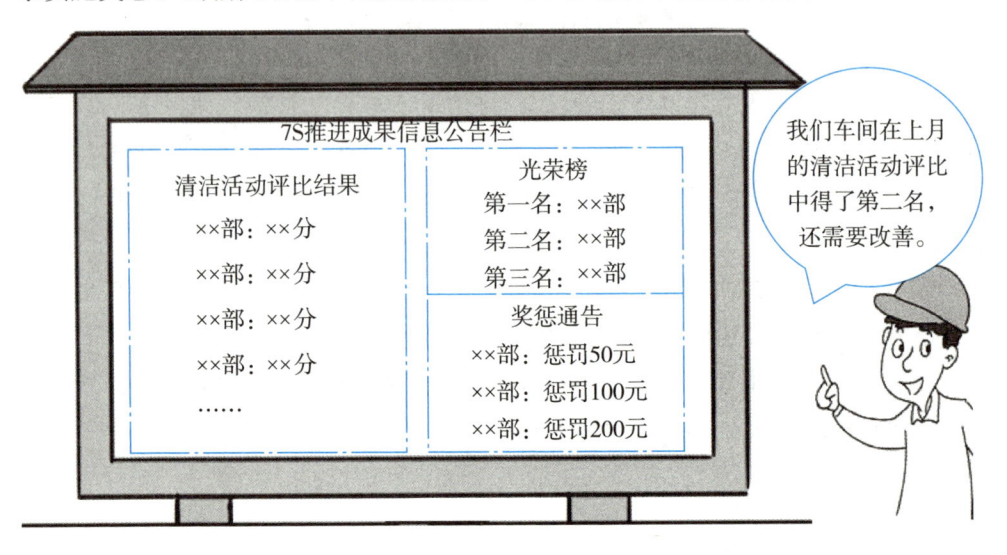

7S推进成果信息公告栏

清洁活动评比结果
××部：××分
××部：××分
××部：××分
××部：××分
……

光荣榜
第一名：××部
第二名：××部
第三名：××部

奖惩通告
××部：惩罚50元
××部：惩罚100元
××部：惩罚200元

我们车间在上月的清洁活动评比中得了第二名,还需要改善。

6.2.6 公布清洁活动效果：以便互相学习监督

检查之后，7S推行委员会应及时公布结果，以便互相学习和监督，推动清洁工作的改善。

1. 清洁活动效果公布方法

公布清洁活动效果的方法包括会议公布、看板公布和网络公布，具体如图6-6所示。

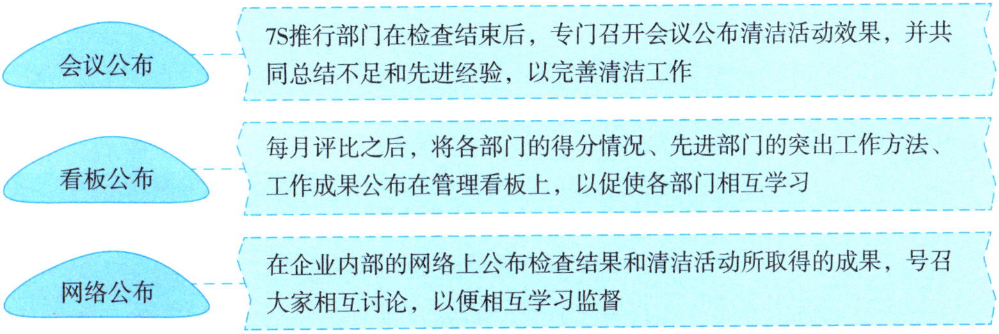

- **会议公布**：7S推行部门在检查结束后，专门召开会议公布清洁活动效果，并共同总结不足和先进经验，以完善清洁工作
- **看板公布**：每月评比之后，将各部门的得分情况、先进部门的突出工作方法、工作成果公布在管理看板上，以促使各部门相互学习
- **网络公布**：在企业内部的网络上公布检查结果和清洁活动所取得的成果，号召大家相互讨论，以便相互学习监督

图6-6 清洁活动效果公布方法

2. 清洁活动效果公布内容

清洁活动效果公布的内容包括每个单位每个责任区的清洁现状、各单位得分与名次、先进单位的先进经验、先进单位的工作成果等。

7S推行委员会可用相机对先进单位的现场进行拍照，然后通过公告栏进行展示。

6.2.7 持续开展清洁活动：保持现场的清洁

要保持现场的清洁，需要持续开展清洁活动。为了持续开展清洁活动，推行人员需要注意如图6-7所示的几项要点。

➲ 清洁制度化、持续清洁、持续检查和持续激励是相互作用的，因此在实际工作中应该同时推行，将清洁工作落到实处，以保持现场的清洁。

➲ 持续检查是为了推动清洁工作达到清洁标准和目标，如果没有检查，现场很快就会陷入脏乱。因此，应尽量加大检查和监督的力度，如在现场安装摄像头。

清洁制度化	● 将整理、整顿、清扫的实施措施与检查措施、评比办法、奖惩办法相结合，形成完整的清洁制度，促使员工持续清洁
持续清洁	● 根据整理、整顿、清扫的实施规范，指导员工持续开展清洁活动
持续检查	● 将定期检查和巡检相结合，对现场进行持续不断的检查，以促使员工持续开展清洁活动
持续激励	● 通过持续实施评比和奖惩，为员工提供奋斗目标和改善方向，激励其开展持续的清洁活动 ● 每个责任区域每月对本区清洁现场进行拍摄，将成果最好的一期展示在公告栏，以激励员工以此为基准进行保持和超越

图 6-7　持续开展清洁活动的要点

● 持续激励，是为了保持员工持续开展清洁活动的热情，因此，在检查评比之后，应及时对表现良好的部门给予物质上的奖励。如给第一名发放一次性的奖金。

6.3　清洁的具体实施

6.3.1　生产现场的清洁

生产现场是企业的前线，做好生产现场的清洁工作、确保现场的干净整洁，能减少现场浪费，促进生产效率的提高。清洁的生产现场场景如图 6-8 所示。

● 明确清洁责任，是明确划分区域，将生产现场每个区域的清洁责任落实到工区、岗位。

在实际工作中，各车间应根据具体生产环境、各岗位作业内容对生产现场进行清洁责任区划分，落实清洁责任。

● 开展生产现场清洁工作，需要明确生产现场的清洁检查标准。生产现场清洁标准如表 6-5 所示。

第6章 清洁实施

图6-8 清洁的生产现场场景

干净整洁的生产现场。

表6-5 生产现场清洁标准

活动名称	标　准
整理	◆有明确的物品区分标准 ◆生产现场无"不需要"的物品，即无不用物料、损毁的工具、多余的设备等
整顿	◆区域线、定位线明确清晰，线条颜色、形状符合要求 ◆设备、工具、物料等按要求放置在定位的位置 ◆设备、工具、物料都有明确标识，标明名称、型号等 ◆现场物料用统一规格容器盛放，并标明存放数量、允许最大存放数量
清扫	◆地面无杂物、无灰尘、无污垢 ◆工作台、设备、物料、工具等干净整洁，无污垢、无灰尘 ◆设备工作正常，无异响、异常振动、开裂，无跑冒漏滴

● 生产现场的清洁检查，可将7S部门检查、车间检查、各工区互检相结合，以使各车间生产现场、各工区、各岗位深入贯彻执行清洁工作。

① 7S推行委员会每月定期到各车间生产现场进行检查，依据生产现场清洁标准做出判断，同时对问题项提出整改意见，限期整改。

② 车间不定期对各工区进行巡检，发现清洁中的问题（清洁不够彻底、清洁方法失当）及时进行纠正指导。

③ 各工区在日常工作中相互监督，发现彼此遗漏或疏忽的地方及时进行指正。

● 实施改善工作，指各工区、各岗位针对检查中发现的问题，及时进行清洁方法的整改和现场清洁状况的改善，以完善清洁工作。

6.3.2 设备工具的清洁

1. 设备清洁

设备清洁的要点包括：明确责任、明确标准、清洁检查、清洁整改。

➲ 确定设备清洁责任，应根据"谁使用，谁清洁"的原则进行确定。

➲ 确定设备清洁标准，应从整理、整顿、清扫三个方面进行明确，具体如表6-6所示。

表6-6 设备清洁的标准

活动名称	标　准
整理	◆现场无不用的、损坏的设备
整顿	◆设备的定位线清晰准确，线条颜色、形状符合要求 ◆设备稳固放置在定位的位置 ◆设备之间距离适中，留有合适的通道和操作、维修空间 ◆设备有标识牌，明确标明名称、型号、负责人等 ◆设备表面贴有目视图，标明操作流程和注意事项
清扫	◆设备表面无灰尘和脏污 ◆设备状态良好，无异响、异常震动、裂纹等 ◆设备无漏油、漏水、漏气、部件松动、部件破损等情况

➲ 设备清洁检查，需要将日常检查与定期检查相结合。

①设备清洁日常检查，是指操作人员在日常工作中，应随时利用闲暇的时间，按整理—整顿—清扫的顺序对照标准进行自检，并及时整改。

②设备清洁定期检查，是指7S推行部门或各车间根据设备的清洁标准，定期对设备清洁情况进行检查、指导。

➲ 设备清洁整改，是针对检查中发现的问题，及时进行整改。在实际工作中，可以将设备的清洁整改与设备的维修保养结合起来进行。

2. 工具清洁

工具的清洁，其重点是确定清洁标准。工具的清洁标准如表6-7所示。

表 6-7　工具的清洁标准

活动内容	具体标准
整理	◆每天都要使用的工具置于作业台，每月都使用的工具置于现场工具箱 ◆"不需要"的工具按规定摆放在指定位置，现场无无用的工具
整顿	◆工具应准确放置在影绘或凹模里 ◆工具放置点应有标识牌，明确标识名称、型号、用途等
清扫	◆工具箱内无杂物，只存各种工具 ◆工具及工具箱应整洁干净、无灰尘、无污垢

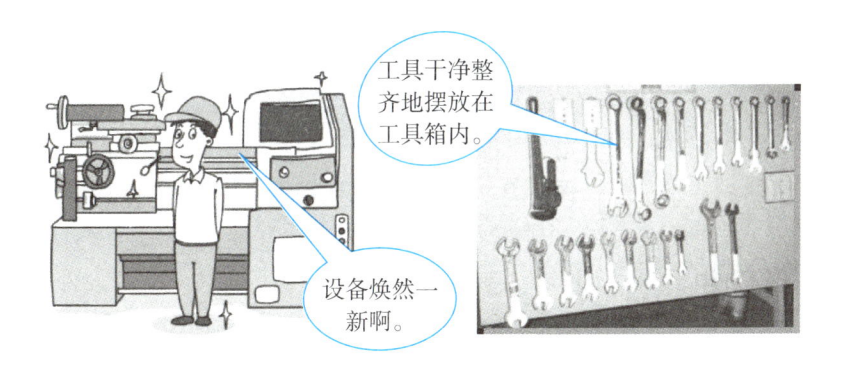

6.3.3　作业台的清洁

操作人员对作业台进行有效清洁，能提高工作效率。作业台清洁标准如表 6-8 所示。

表 6-8　作业台清洁标准

活动名称	标准
整理	◆作业台上无不用的（一个月不使用一次的、损坏的、与工作无关的）物品
整顿	◆作业台有明确定位线，定位线清晰准确 ◆作业台放置稳固，不摇晃 ◆作业台上的物品，用不同的容器定位放置，整齐有序
清扫	◆作业台上无杂物、无灰尘、无污垢 ◆作业台上的物品整洁、干净，无污垢、无灰尘

◐ 作业台的清洁责任，按照"谁使用，谁负责"的原则进行，具体如图6-9所示。

◐ 作业台的清洁检查，7S推行委员会及各车间都应定期或不定期地对作业台的清洁情况进行检查，以督促和指导操作人员及时、正确地进行清洁。

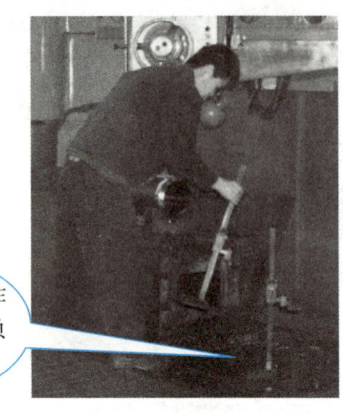

> 自己使用的作业台，自己负责清洁工作。

图 6-9　作业台的清洁责任

6.3.4　办公桌的清洁

工作人员对办公桌进行清洁，需要不断地坚持进行整理、整顿、清扫，使其固化为工作习惯。办公桌的清洁步骤如图6-10所示。

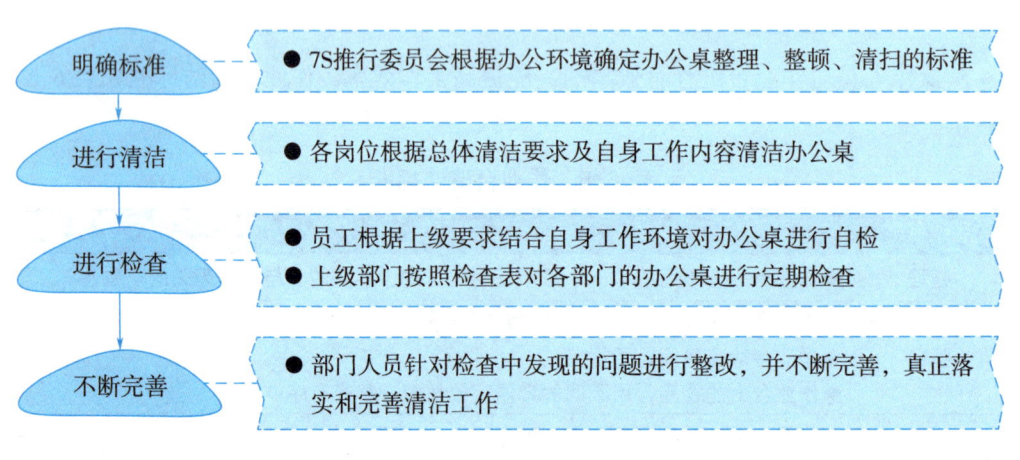

明确标准	● 7S推行委员会根据办公环境确定办公桌整理、整顿、清扫的标准
进行清洁	● 各岗位根据总体清洁要求及自身工作内容清洁办公桌
进行检查	● 员工根据上级要求结合自身工作环境对办公桌进行自检 ● 上级部门按照检查表对各部门的办公桌进行定期检查
不断完善	● 部门人员针对检查中发现的问题进行整改，并不断完善，真正落实和完善清洁工作

图 6-10　办公桌的清洁步骤

⊃ 办公桌的清洁标准包括整理标准、整顿标准和清扫标准，具体如表6-9所示。

表6-9　办公桌的清洁标准

活动名称	具体标准
整理	◆每天都要使用的物品放桌面 ◆每周都要使用的物品放抽屉里 ◆其余物品不允许放置于办公桌
整顿	◆办公桌通过地面的瓷砖定位准确 ◆办公桌上的物品，按类别用不同的容器定位放置，整齐有序
清扫	◆办公桌上无杂物、无灰尘、无污垢 ◆办公桌面及抽屉里的物品干净整洁，无污垢

6.3.5　文件资料的清洁

文件资料的清洁，是办公室清洁的一项基本工作，其工作成果好坏直接关系到办公效率的高低。因此在实际工作中，员工应严格按要求对文件资料进行清洁。文件资料清洁的要点包括文件清洁实施、文件清洁检查、文件清洁整改。

⊃ 文件清洁实施，是指按清洁标准进行文件资料的清洁，其清洁标准具体如下。

①文件资料应按使用频率进行整理：每天都使用的放桌面上，每月使用的放文件柜，一年才使用一次或使用频率更低的移交档案室。

②不同类型的文件资料应分装在不同的文件盒里。

③文件盒应定位放置于书柜或文件柜里。

④文件盒侧面应用书签标明文件资料类别名称。

⑤文件盒里的文件应按发文顺序进行排序，以快速查找。

⑥文件及文件盒应整洁干净，无灰尘、无脏污。

⊃ 文件清洁检查，就是在清洁实施后，上级主管人员需要按照这个标准对各部门进行检查，各部门也应结合自身工作实际进行自检，以完善文件清洁工作。

⊃ 文件清洁整改，是指对文件资料清洁状况进行整改，可根据检查结果列出清单进行整改，不断完善。

6.3.6 仓库货架的清洁

仓库货架清洁，就是对仓库环境及货架上的物品进行反复整理、整顿、清扫，并通过检查、整改，形成规格化。

1. 仓库货架清洁标准

开展仓库货架清洁工作，需要首先明确清洁标准，以进行正确的、适当的清洁工作，仓库货架清洁标准如表 6-10 所示。

表 6-10 仓库货架清洁标准

清洁对象	清洁标准
整体环境	◆仓库内分区明确，门口有看板，明确标明各区域物品类别 ◆地面干净整洁，无脏污、无灰尘、无杂物 ◆墙壁干净整洁，无灰尘、无脏污 ◆通风、照明、温度、湿度等符合存储要求，危险货物防护装置运行正常
货架	◆货架放置稳固，干净整洁，无脏污
物品	◆过期、损坏物品按要求清理，货架上无过期、损坏物品 ◆物品分类放置、包装完好 ◆物品摆放符合要求：先进先出、上小下大、上轻下重、易碎物品隔离 ◆物品有明确的标识，标明名称、规格、型号、数量、最大库存量等 ◆物品及包装整洁、干净，无污垢、无灰尘

2. 仓库货架清洁步骤

仓库工作人员按标准实施清洁工作，然后通过检查、整改逐渐完善。仓库货架清洁步骤如图 6-11 所示，仓库货架清洁后场景图如图 6-12 所示。

第 6 章 清洁实施 125

明确标准	● 7S推行人员根据仓库货架的清洁范围确定检查标准，并将标准下达至各仓库
清洁实施	● 库管人员在充分理解仓库清洁标准的基础上，按要求对仓库、货架进行整理、整顿、清扫,使其保持清洁状态
进行检查	● 库管人员在日常工作中随时对仓库货架清洁情况进行自检 ● 上级部门依据检查表对仓库、货架进行检查，并提出整改意见
进行整改	● 库管人员在自检中发现问题立刻整改，如发现脏污立刻擦拭，发现垃圾立刻清除 ● 库管人员根据检查人员提出的清洁问题点和整改建议对货架进行仔细检查、分析，并按要求逐项整改

图 6-11　仓库货架清洁步骤

仓库整洁。

货架干净整洁，摆放整齐。

货架上的物品整洁，摆放整齐。

图 6-12　仓库货架清洁后场景图

第 7 章 素养实施

7.1 素养的基础知识

7.2 素养的方法技巧

7.3 素养的具体实施

7.1 素养的基础知识

7.1.1 素养的含义

素养是通过宣传、教育和各种活动，使员工遵守 7S 规范，养成良好习惯，进一步形成企业良好文化。其含义如图 7-1 所示。

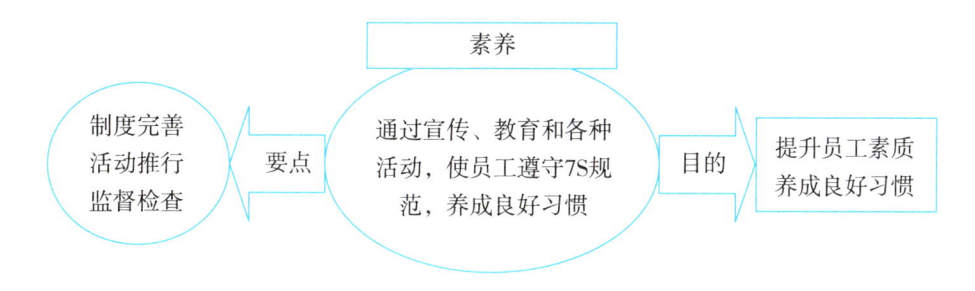

图 7-1 素养的含义

● 素养的要点是制度完善、活动推行和监督检查，具体如下：

制度完善：根据企业状况、7S 实施情况等完善现有的规章制度，如厂纪厂规、日常行为规范、7S 工作规范等。

活动推行：通过班前会、员工改善提案等方法的实施，改善现场的工作状况。

监督检查：将定期检查和不定期巡检结合，加强监督、考核，使各部门人员形成良好工作习惯和素养。

● 素养的目的是：提升员工素质和形成良好习惯，具体如下：

提升员工素质：通过制度培训、行为培训、检查监督考核，不断提升员工素质。

形成良好习惯：通过宣传培训、各种活动的施行统一员工行为，形成良好习惯。

7.1.2 素养的表现

素养是指员工具有良好的工作习惯，同时具有良好的个人形象和精神面貌，遵礼仪有素质。其具体表现如表 7-1 所示。

表 7-1　素养的表现

素养内容	具体说明
良好工作习惯	●员工遵守以下规章制度，形成良好习惯 　◆厂规厂纪、出勤和会议规定 　◆岗位职责、操作规范 ●员工遵守 7S 规范，养成良好工作习惯
良好个人形象	●员工自觉从以下几方面维护个人形象 　◆着装整洁得体，衣裤鞋有明显脏污 　◆举止文雅，如乘坐电梯时懂得礼让，上班时主动打招呼 　◆说话有礼貌，使用"请""谢谢"等礼貌用语
良好精神面貌	●员工工作积极，主动贯彻执行整理、整顿、清扫等制度
遵礼仪有素质	●待人接物诚恳有礼貌 ●互相尊重、互相帮助 ●遵守社会公德，富有责任感，关心他人

7.1.3　素养的实施步骤

为了形成良好素养，企业应完善规章以维持活动成果，再通过开展各种素养活动，促使员工形成良好素养。具体步骤如图 7-2 所示。

完善规章制度 → 开展素养活动 → 检查与纠正

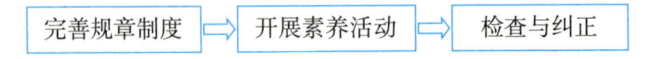

图 7-2　素养的实施步骤

⊃ 完善规章制度，指随着 7S 活动的不断深入，企业需要不断完善原有规章制度，以维持活动成果，并使员工形成良好习惯和素养。其具体步骤如图 7-3 所示。

⊃ 开展素养活动，指企业应在日常工作中，开展班前班后会、OASISU 活动等相关活动，配合规章制度的实施，使员工养成良好素养。

⊃ 检查与纠正，是企业应定期或不定期对员工个人形象、规章制度遵守情况、工作环境等进行检查，发现问题及时纠正，以提升员工素养。

完善规章制度的步骤

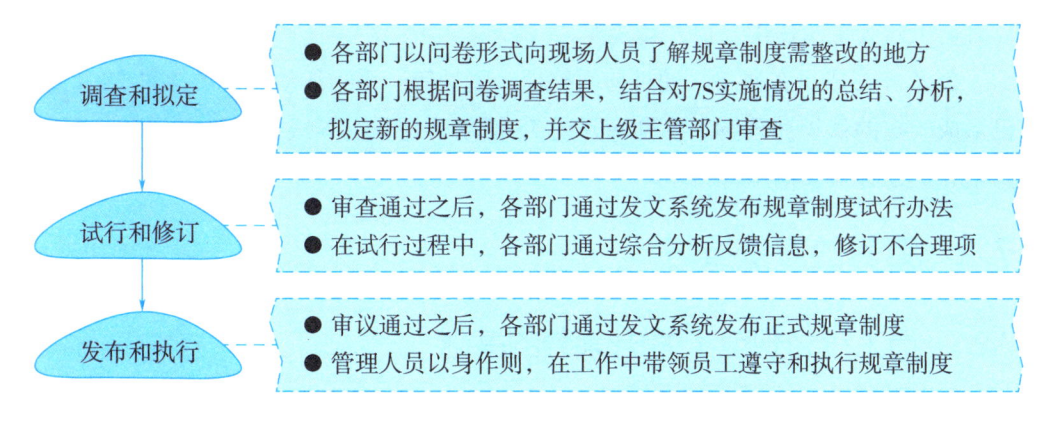

调查和拟定
- 各部门以问卷形式向现场人员了解规章制度需整改的地方
- 各部门根据问卷调查结果，结合对7S实施情况的总结、分析，拟定新的规章制度，并交上级主管部门审查

试行和修订
- 审查通过之后，各部门通过发文系统发布规章制度试行办法
- 在试行过程中，各部门通过综合分析反馈信息，修订不合理项

发布和执行
- 审议通过之后，各部门通过发文系统发布正式规章制度
- 管理人员以身作则，在工作中带领员工遵守和执行规章制度

图 7-3 完善规章制度的步骤

7.1.4 素养的注意事项

实施素养活动，如果只是一味地制定各种规章制度，可能达不到预期的效果。有效开展素养活动，应注意如图 7-4 所示的注意事项。

1. 加强对规章制度的解释
2. 广泛开展素养活动
3. 奖惩办法落到实处
4. 素养形成贵在坚持

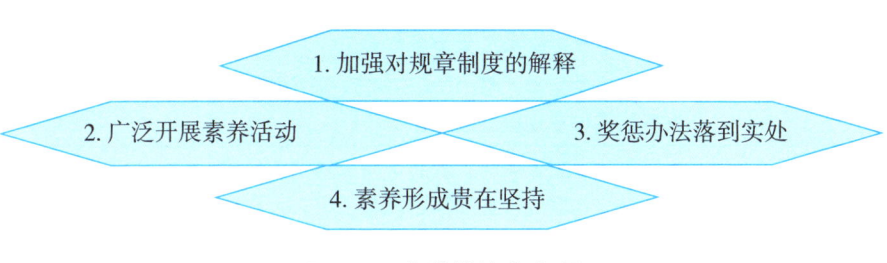

图 7-4 素养的注意事项

⊃ 加强对规章制度的解释。因为如果规章制度得不到员工的理解，员工不会主动去遵守。因此在工作中，各部门应利用业余时间，对员工进行规章制度培训，采用典型案例教育、情境模拟等办法解释规章制度条款的意义。

⊃ 广泛开展素养活动。素养是一种习惯，因此几天的培训教育难以形成素养。应广泛地开展班前班后会、工厂形象大使评选、OASISU 活动、员工改善提案等素养活动，在活动中使员工养成良好习惯，并最终形成素养。

⊃ 奖惩办法落到实处。在日常工作中，对于违规的行为，应按规定进行处罚，以对员工起到警示作用,提升其素养。

● 素养形成贵在坚持。通过前面整理、整顿等一系列活动后,员工对 7S 工作已形成一定的认识和理解。要彻底开展 7S 活动,使员工养成良好习惯并内化为良好素养,还必须长期坚持。

7.2 素养的方法技巧

7.2.1 员工行为规范:提升素养的基础

企业的员工行为规范,是让员工养成良好行为,提升素养的基础。为实现这个目的,企业首先应制定规范。员工行为规范包括岗位规范、形象规范、公共安全卫生等内容,具体如表 7-2 所示。企业制定规范后,须对员工进行培训,并在推行过程中进行监督检查,从而促使员工形成良好习惯。

表 7-2　员工行为规范的内容

项目		具体内容
岗位规范		◆遵守上下班时间,不迟到、早退 ◆遵守工作纪律:工作中不闲聊、不串岗、不做与工作无关的事等 ◆严格按作业规程开展工作
形象规范	着装要求	◆没有统一工作服时,着装干净、整洁、协调、完好、不漏扣 ◆统一工作服的,必须穿工作服上班,且穿戴整齐
	仪容要求	◆头发应保持干净整齐,不能有头屑,不烫发,不染发 ◆脸颊和手部清洗干净,不能有污垢 ◆指甲必须剪短,与指尖齐平
	礼仪礼貌	◆早上上班时与同事热情地打招呼 ◆行为要有礼有节,如进电梯要礼让,接待来访要微笑 ◆说话有礼貌,使用礼貌用语"请""谢谢"等,严禁说脏话
公共安全卫生	安全工作	◆在工作中严格遵守安全操作规程 ◆掌握安全知识,培养预防和处理事故的能力
	公共卫生	◆爱护公物,注意设备、设施的保养和维护 ◆爱护环境卫生:不随地吐痰、不乱扔纸屑、不在禁烟区吸烟等

7.2.2 班前会班后会：提升日常素养

1. 班前会

班前会，是班组全体员工利用上班前 5～15 分钟的时间，集合在一起开会。

班前会除传达工作安排等相关信息之外，还有一项重要职能，通过互相问好和喊口号等，来提升员工日常素养。班前会实施措施如图 7-5 所示。

轮流主持	让班组成员轮流主持班前会，使员工更多地关注工作和班组成员，进一步提升自身素养
相互问好	让员工相互问好，增进彼此感情，同时提升日常素养
大脚印总结	班组长让前一日在7S活动中表现突出的人员站到大脚印上进行总结发言，介绍经验以带动大家提升素养
高喊口号	在班前会结束之前，让班组成员高举右手，共同喊出安全口号或行动口号，以抖擞精神，形成良好素养

图 7-5 班前会实施措施

2. 班后会

班后会，是班组全体成员利用下班后 10～15 分钟时间，集合在一起，对当天工作进行总结，对第二天工作进行简单计划的会议。在班后会上，班组长也可以通过开展互道安好等活动来对员工的素养进行培养，使员工形成良好的自身素养。

⊃ 在开展班后会时，班组成员之间可以互相鼓励、互相打气，互相说"辛苦了"，来提升员工素养。

⊃ 在互相鼓励时，班组成员除了说出打气的话语之外，还可对对方不足的地方提出自己的看法，以使大家共同成长，共同进步。

⊃ 班后会要坚持实施，不能因为下班时间太晚了就不开展或是敷衍了事，要按部就班地进行，以形成良好习惯，提升日常素养。

7.2.3 OASISU 活动：带来良好的印象

O、A、SI、SU 分别是日语中的"早上好""谢谢""不好意思""对不起"四句话的开头字母。OASISU 活动，就是在早会时组织员工一起练习问候的活动。

开展 OASISU 活动的目的是改善员工精神面貌，给人良好印象，同时使问候成为良好的工作习惯。要实现这个目的，企业应按如下所示的活动要点开展 OASISU 活动：

⊃ 共同练习，可提升员工的代入感，增强团队意识，形成良好素养，具体措施是：以班组为单位，让班组成员站成两排，大家面对面互相问候。

- 领导要亲自做出榜样，带头开展 OASISU 活动。
- 每天每位员工都要精神抖擞地进行 OASISU 活动。

7.2.4 让员工理解规则：以便遵守规则

让员工理解规则，是使员工遵守规则的前提，因此在日常工作中，7S 推行人员应采取措施让员工理解规则。

让员工理解规则的方法有情境教育、反面教材教育和相互交流，具体如图 7-6 所示。

情境教育	7S 推行人员模拟出一个没有规则的情境现场，通过其带来的负面影响，让员工理解规则的重要性。例如，可让员工自己去杂乱的工具箱中寻找一件工具，浪费大量时间之后，员工就会理解整理、整顿相关规则的意义，进而就会主动去遵守规则
反面教材教育	在实际工作中，7S 推行人员将不遵守规则导致严重后果的行为和现象用影像记录下来，将其作为反面教材对员工进行培训，让员工深入理解规则，继而遵守规则
相互交流	每个人对规则的理解能力不同，因此可召开专门的会议或利用业余时间，通过交流，让员工加深对规则的认同和理解

图 7-6　让员工理解规则的方法

7.2.5　员工提供改善提案：参与素养提升

员工提供改善提案是发动员工针对 7S 活动及现场、现物、现实的问题提出解决方案的活动，是提升员工素养的一种有效方法。员工提交改善提案，可促使员工参与改善，从而使其更加爱护现场，遵守现场的规则，从而达到提升员工综合素养的目的。

实施改善提案，首先应通过公告栏、会议等进行广泛的宣传，然后设置提案箱接收提案，再通过分析、评估等实施提案，最后对实施有效的提案的实施者给予奖励，其实施步骤具体如图 7-7 所示。

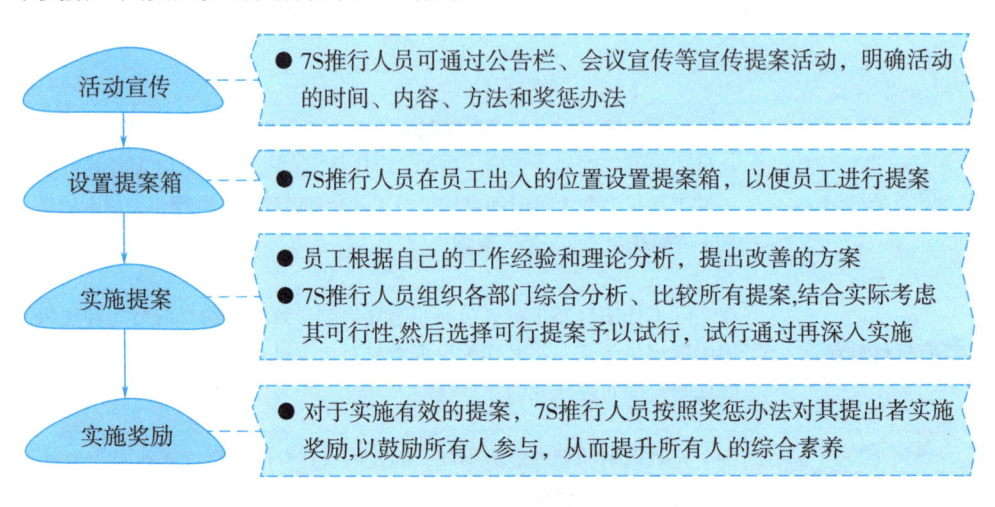

活动宣传	● 7S 推行人员可通过公告栏、会议宣传等宣传提案活动，明确活动的时间、内容、方法和奖惩办法
设置提案箱	● 7S 推行人员在员工出入的位置设置提案箱，以便员工进行提案
实施提案	● 员工根据自己的工作经验和理论分析，提出改善的方案 ● 7S 推行人员组织各部门综合分析、比较所有提案，结合实际考虑其可行性，然后选择可行提案予以试行，试行通过再深入实施
实施奖励	● 对于实施有效的提案，7S 推行人员按照奖惩办法对其提出者实施奖励，以鼓励所有人参与，从而提升所有人的综合素养

图 7-7　员工改善提案实施步骤

7.2.6　督导员工遵守规则：逐步形成素养

在日常工作中监督员工遵守规则，对于不遵守规则的员工可实施惩罚不断纠正其行为，从而逐渐形成良好的素养。督导员工遵守规则的步骤如图 7-8 所示。

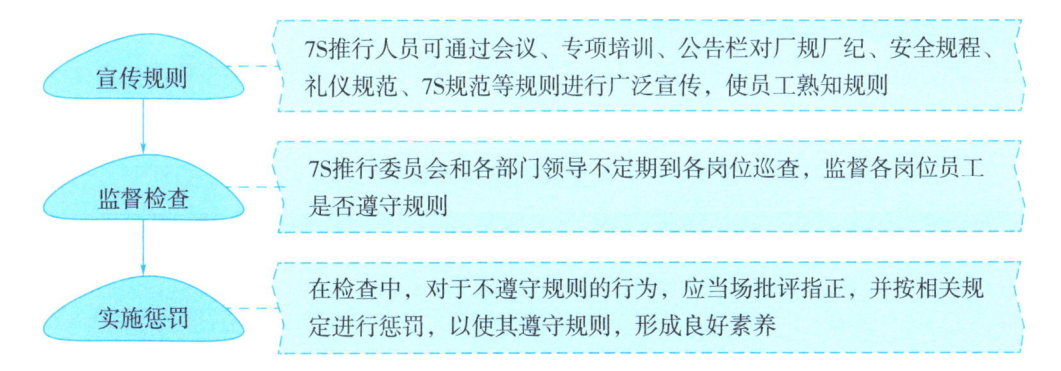

宣传规则：7S推行人员可通过会议、专项培训、公告栏对厂规厂纪、安全规程、礼仪规范、7S规范等规则进行广泛宣传，使员工熟知规则

监督检查：7S推行委员会和各部门领导不定期到各岗位巡查，监督各岗位员工是否遵守规则

实施惩罚：在检查中，对于不遵守规则的行为，应当场批评指正，并按相关规定进行惩罚，以使其遵守规则，形成良好素养

图 7-8　督导员工遵守规则的步骤

● 在监督检查阶段，还可在现场安装摄像头，时刻监督员工是否遵守规则，同时给员工一定的警示作用。

● 7S 推行人员需注意惩罚并不是最终目的，主要还是在发现员工违规时，实施批评教育，从而督促其养成良好的行为习惯，促使其遵守企业的规则，对于屡次违反规则而不改正的员工，则采取严厉的惩罚措施对其进行惩处，迫使其遵守规则。

7.3 素养的具体实施

7.3.1 办公室人员的检查与素养提升

1. 办公室人员素养的检查内容

办公室人员素养的检查内容，包括仪容仪表、日常行为、礼仪礼貌，具体如表7-3所示。

表7-3 办公室人员素养的检查内容

项目		检查内容
仪容仪表	头发	◆员工头发是否干净整齐，是否有头屑 ◆男员工头发长度是否符合要求：最长不能及耳 ◆女员工是否烫发、染发
	面容	◆员工面容是否干净整洁 ◆男员工是否留胡须 ◆女员工是否化浓妆
	衣鞋	◆企业统一工作服的，检查员工是否穿工作服上班 ◆员工衣服是否干净、协调、完好、得体，是否有漏扣、错扣 ◆员工的鞋是否干净，是否有灰尘、污垢 ◆女员工是否穿过于紧、露的衣服
	指甲	◆员工指甲长度是否符合要求：最长与指尖齐平 ◆女员工是否涂指甲油
日常行为	班前行为	◆员工是否提前10分钟到岗，按规定着装并佩戴胸牌 ◆员工是否按规定对责任区实施清洁活动 ◆因故迟到时，是否向主管人员说明情况
	班中行为	◆员工是否按岗位规程和工作计划开展日常工作 ◆工作中，是否有串岗、闲聊、睡觉、玩游戏、浏览无关网页等行为 ◆是否利用闲暇时间清洁办公桌：清理不要的物品，将电话、笔筒、书立等定位放置，并通过擦拭保持桌面、抽屉整洁、无灰尘、无污垢 ◆是否有随地吐痰、随地扔垃圾及故意损坏企业财物的行为 ◆需要外出时，是否将地点、目的、预定返回时间向上级报告

续表

项目		检查内容
日常行为	班后行为	◆下班时，是否收拾整理当日的工具、用品，将其归位到指定的位置 ◆是否清洁桌面，保持办公桌面整齐、干净、无杂物 ◆是否关闭电脑、空调、门窗等
礼仪礼貌		◆与同事、上级见面时，是否主动问好 ◆与他人交谈时是否专心致志、面带微笑 ◆与他人交谈时，是否使用"你好""谢谢""不客气"等礼貌用语 ◆是否讲脏话、忌语 ◆用餐、出入电梯时，是否懂得礼让 ◆下班时，是否与上司、同事道别后离开

2. 素养的检查和提升方法

办公室人员素养的检查和提升，应根据不同素养内容而采用不同的方法，具体如表 7-4 所示。

表 7-4　办公室人员素养的检查和提升方法

素养内容	检查方法	提升方法
仪容仪表	自检：在大门口放一面一人高的镜子，规定员工进门时，主动到镜子前进行自检	员工在自检时，主动对照仪容仪表要求进行整改，以逐渐形成良好习惯
	定期检查：7S 推行委员会定期到各部门各岗位进行检查	对定期检查中发现仪容仪表不符合要求的，将其名字公布在公告栏，使员工主动去调整仪容仪表，提升自身素养
日常行为	巡检：7S 推行委员会不定期到各岗位进行检查	对巡查中发现的不符合要求的行为，勒令改正，并视违规行为的具体内容，根据厂规厂纪、岗位规程、安全规范、7S 规范等相关规定进行处罚，以使其提升素养
礼仪礼貌	互检：各岗位人员在日常交往中相互监督，相互检查	各岗位人员在互相监督中，及时指出对方的不足，以使其不断改善

7.3.2 生产现场人员的检查与素养提升

1. 生产现场人员素养的检查内容

生产现场人员的仪表仪容、礼仪礼貌的检查内容与办公室人员是一样的，只有日常行为的素养检查内容不同，其具体内容如表 7-5 所示。

表 7-5　生产现场日常行为的素养检查内容

项目	检查内容
班前行为	◆员工是否提前 15 分钟到岗，准时参加班前会 ◆员工是否按要求穿戴工作服及劳保用品 ◆员工是否按规定对责任区实施清洁活动 ◆是否按生产要求检查设备的完好情况 ◆是否将夹具、工具、辅料等放在工位上 ◆因故迟到时，是否向主管人员说明情况
班中行为	◆员工是否按岗位规程和作业计划开展日常工作 ◆员工在工作中是否有串岗、闲聊、睡觉、玩手机等行为 ◆员工在工作中是否有违反安全注意事项的行为，如在生产现场抽烟、不戴安全帽等 ◆是否利用生产停顿时间，对现场进行五分钟清洁：清理不需要的物品，将设备、工具、物料等定位放置，并通过清扫、擦拭保持地面、工作台面、设备整洁、无灰尘、无污垢
	◆是否主动对设备、设施、部件进行保养和维护，如使用部件时，是否清理部件的脏污 ◆是否有随地吐痰、随地扔垃圾及故意损坏企业物品的行为 ◆是否按规定节水、节电、节省原材料，如对边角料进行合理利用 ◆因身体不适或其他原因需要暂离工作岗位时，是否向上级报告
班后行为	◆到下班时间时，员工是否收拾整理当日使用的材料、工具、用品，将其归位 ◆是否清扫作业台周围及作业台面，保持地面整洁、无灰尘、无污垢，保持作业台面干净、无杂物、无污垢 ◆是否关闭设备、电器、阀门、门窗等 ◆员工是否准时参加班后会 ◆是否在班后会中总结工作得失

2. 生产现场人员素养的检查方法

生产现场人员素养的检查方法，也应该根据素养内容的不同而采用不同的方法。其中，仪容仪表与礼仪礼貌的检查方法与办公室人员相同，而因为生产现场人员的日常行为直接关系到现场生产状况、安全状况，因此其检查方法更为严密。生产现场人员日常行为素养检查，可采用互检、巡检和抽检相结合的方法。具体如表 7-6 所示。

表 7-6　生产现场人员日常行为素养检查方法

检查方法	具体措施
互检	各工区之间，工区内部各岗位之间，相互监督，相互检查，发现对方的问题及时指出，以不断改正和完善
巡检	7S 推行委员会及各部门不定期对现场员工的日常行为进行检查，发现违规的行为，及时指正
抽检	在生产现场安装摄像头，对员工的行为进行持续录像，并不定期调取录像进行检查

3. 生产现场人员素养的提升方法

生产现场人员素养提升方法有"检查—整改"提升和教育培训提升，具体如图 7-9 所示。

- 检查—整改提升
  - 通过各种检查办法，找出员工素养存在的问题，通过一定惩处措施促使员工进行整改，使其不断提升素养

- 教育培训提升
  - 人力资源部根据员工素养状况组织员工开展以规章制度、日常行为规范、7S 规范等为内容的培训，以提升员工素养
  - 培训的方法有情境模拟、角色扮演、理论教育等

图 7-9　生产现场人员素养提升方法

第 8 章 安全实施

8.1 安全的基础知识

8.2 安全的方法技巧

8.3 安全的具体实施

8.1 安全的基础知识

8.1.1 安全的含义

安全是消除安全隐患，预防安全事故，保障员工的人身安全，保证生产的连续性，减少安全事故造成的经济损失。安全的具体含义如图 8-1 所示。

要点
- 安全第一，预防为主
- 消除安全隐患，创造安全环境
- 加强安全培训，强化现场活动

安全

目的
- 保证员工人身安全
- 保证连续的生产
- 减少安全事故造成的经济损失

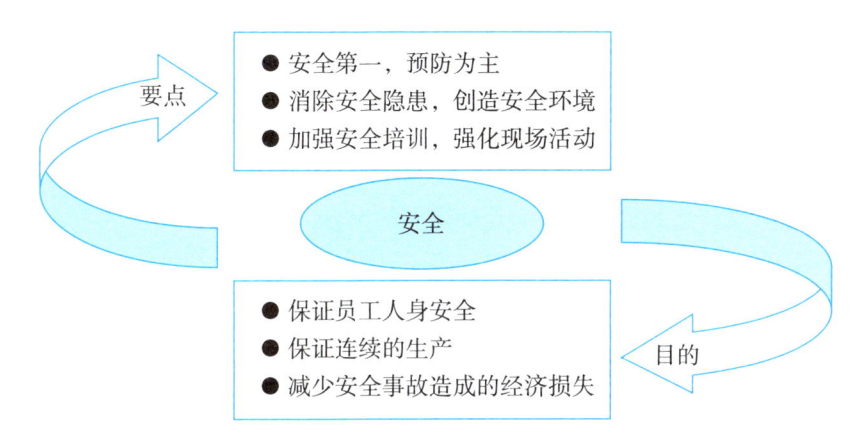

图 8-1　安全的具体含义

➲ 7S 的安全不是企业安全体系的全部，企业的安全认证等不是 7S 安全的范畴。

➲ 7S 安全活动的主要内容是围绕现场来展开的，包括现场安全检查、安全教育培训、安全隐患排查、危险作业分析等。

➲ 要想在企业中推行安全活动，企业还必须加强对员工的安全培训，增强员工的安全意识，消除大家对安全的麻痹心态。

➲ 7S 安全活动的原则是重在预防，确保没有事故发生，也没有安全隐患。

8.1.2 安全管理的对象

在推行 7S 活动的过程中，安全管理的对象主要包括人员、财物和现场环境，7S 推行人员需要确保企业内部人员的安全、财物的安全和现场环境的安全。

1. 人员的安全

在生产作业过程中，需要保证员工的安全和健康。因为员工的安全是安全管理的首要工作，也是推行安全活动的最终目的。人员安全的标准就是安全和健康。为了确保员工的安全，需要做好以下几项工作：

① 进行员工安全防护，如穿戴各种防护用品。

② 对员工进行安全操作的培训和检查。

③ 定期组织员工进行健康检查。

2. 财物的安全

财物的安全能够影响员工的安全，是安全管理的主要工作。在开展 7S 活动的过程中，财物的安全主要涉及以下几个方面的内容：

（1）产品的安全

即从原材料到产品成型的生产过程中，生产的产品不会对生产作业人员和相关人员的安全和健康产生危害。

（2）设施设备工具的安全

即在生产作业过程中，使用的设备工具和现场的设施不会对生产作业人员和相关人员的安全和健康产生危害。对于存在操作危险的机械设备，应做好安全标识，以起到提醒作用。设备安全标识实景图如图 8-2 所示。

（3）财物资金的安全

对于办公区域的财物资金应设定专门的存放区域，并配备相应的储藏柜，由专人进行保管，避免出现丢失、被盗等情况。

3. 环境的安全

环境的安全是指员工在开展工作的过程中，工作现场环境不会对员工造成安全和健康的危害。环境安全的标准是环境本身不受破坏，且不会对作业人员和物品造成危害。环境的安全具体包括以下两个方面。

图 8-2　设备安全标识实景图

① 现场的安全，即现场没有危险隐患，同时在易对员工造成安全和健康危害之处，做好明显的安全标识，以保证员工的安全。现场安全标识实景图如图8-3所示。

② 生产附属物的安全。即采取措施排除作业过程中产生的尘埃、噪声和污染，避免对作业人员造成危害。

图 8-3　现场安全标识实景图

8.1.3　安全管理的实施步骤

为了保证安全管理取得有效的成果，企业需要确定安全管理活动的实施步骤，以便按步骤实施。安全管理的实施步骤如图8-4所示。

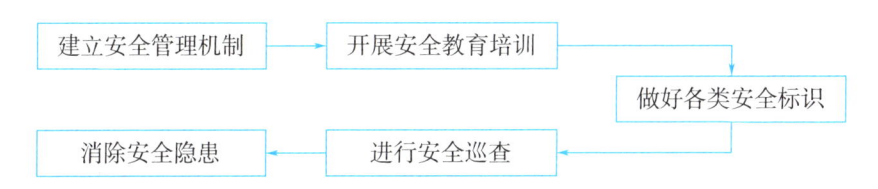

图 8-4　安全管理的实施步骤

● 建立安全管理机制。7S推行人员需要建立安全管理机制，以便有效地推行安全活动，确保现场的安全。

安全管理机制主要包括安全管理组织结构、安全管理制度、岗位安全操作规范等内容。

● 开展安全教育培训。7S推行人员需要定期开展安全教育培训活动，做好安全宣传工作，增强员工安全意识，提高员工的安全操作技能。

◐ 做好各类安全标识。在开展安全活动过程中，7S 推行人员需要组织相关人员对各类危险动作、机械工具、场所等进行相关安全标识，以时时警示现场作业人员。

◐ 进行安全巡查。7S 推行人员须组织相关安全管理人员定期或不定期地对现场进行巡查，以发现安全隐患。

◐ 消除安全隐患。7S 推行人员对于安全巡查过程中发现的安全隐患，应立即采取措施进行消除。

8.1.4　安全管理的注意事项

企业要推行安全管理并取得理想的成果，除了需要按照上述的流程实施，还需要注意如图 8-5 所示的事项。

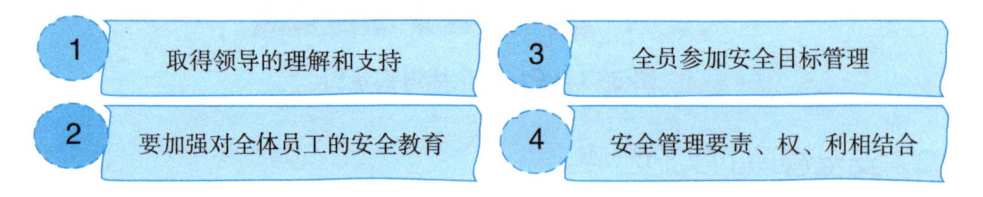

1	取得领导的理解和支持	3	全员参加安全目标管理
2	要加强对全体员工的安全教育	4	安全管理要责、权、利相结合

图 8-5　安全管理的注意事项

◐ 如果企业领导不理解或不支持，则无法有效开展安全管理活动。

◐ 为增强全体员工的安全管理意识，必须进行全员教育，做好对员工的引导工作。

◐ 全员参加安全目标管理。由于安全目标管理实行全员、全过程管理，所以必须充分发动员工，将企业的全体员工都严密地科学地组织在安全管理体系内，开展安全管理活动。

◐ 安全管理要责、权、利相结合，具体需要做到以下 3 点：

① 企业实行安全管理时，要明确每个员工在安全管理上的职责，因为没有责任划分的安全管理终将流于形式。

② 要赋予员工日常安全管理的权力，权限的大小，应根据各人所承负的安全管理责任的大小来确定。

③ 还要给予员工应得的利益，不能"干与不干一样"，这样就能调动广大职

工在安全目标管理上的积极性，并有持久性。

8.2 安全的方法技巧

8.2.1 安全教育培训：增强员工安全意识

7S 推行人员需要选择合适的安全教育培训的方法和内容，采用合适的教育形式，按照安全教育的流程开展安全教育培训活动，增强员工安全意识。

1. 安全教育培训的内容

安全教育培训主要包括三方面的内容，具体内容如图 8-6 所示。

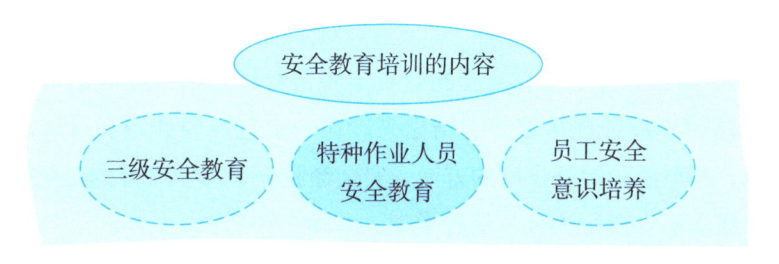

图 8-6 安全培训教育的内容

◯ 三级安全教育是在员工上岗前进行的一种基本安全教育，主要包括企业级安全教育、车间级安全教育和班组级安全教育。培训结束考试合格后方可上岗。

◯ 特种作业人员安全教育是企业针对接触较多不安全因素的特种作业人员（如电气、起重、焊接、司机、压力容器等工种）进行专门的安全技术知识培训，经严格考试合格后才能准许上岗。

◯ 员工安全意识培养是开展安全工作的前提和基础，只有不断增强员工的安全意识，才能保证各项操作按规程执行。作业人员安全意识培训制度的建立有利于保证员工人身安全与降低企业运营风险。

2. 安全教育培训的方式

开展安全教育培训可通过如图 8-7 所示的方式进行。

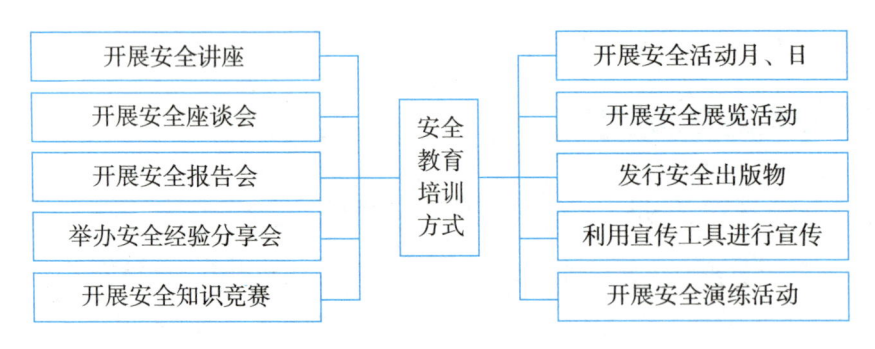

```
┌──────────────┐         ┌──────────────────┐
│  开展安全讲座  │─┐    ┌─│ 开展安全活动月、日 │
├──────────────┤ │    │ ├──────────────────┤
│ 开展安全座谈会 │─┤ 安 ├─│  开展安全展览活动  │
├──────────────┤ │ 全 │ ├──────────────────┤
│ 开展安全报告会 │─┤ 教 ├─│   发行安全出版物   │
├──────────────┤ │ 育 │ ├──────────────────┤
│举办安全经验分享会│─┤ 培 ├─│利用宣传工具进行宣传│
├──────────────┤ │ 训 │ ├──────────────────┤
│ 开展安全知识竞赛│─┘ 方 └─│  开展安全演练活动  │
└──────────────┘   式    └──────────────────┘
```

图 8-7　安全教育培训方式

◐ 举办安全讲座是安全教育培训活动的主要方式之一，特别是针对新入职的员工，通过这种方式的安全教育培训，可使他们对安全问题有一个大概的了解。

◐ 安全经验分享会是指有经验的老员工将自身经历的或看到的有关安全方面的经验、做法或事故处理措施等总结出来，在一定范围内介绍和讲解，使事故经验得到分享、典型经验得到推广的方法。安全经验分享类型可分为安全措施分享、事故教训分享和不安全行为分享三种类型。

◐ 企业还可以开展多种形式的安全知识竞赛活动，以提高职工安全教育的积极性。可把安全知识竞赛列入企业的安全计划中去，在车间班组举行安全知识竞赛，对优胜者给予奖励。

◐ 安全活动日是增强员工安全意识的最佳途径之一，也是对生产班组成员进行安全教育培训的主课堂。活动可以包括举办展览、放映电影、示范表演、讨论等。

8.2.2　安全隐患排查：及时发现安全隐患

安全的原则是预防为主，要想预防安全事故的发生，就需要及时发现并消除安全隐患；要想及时发现安全隐患，就需要做好安全隐患的排查工作。

◐ 安全隐患排查是一项十分细致、专业的工作，需要对设备、现场进行详细的排查和分析，才能确保找到问题和隐患。

◐ 安全隐患排查方法。排查安全隐患的方法主要是一看、二闻、三听、四访谈、五测量，具体说明如表 8-1 所示。

表 8-1　安全隐患排查的方法

方法	具体说明
看	查看作业现场人员操作、设备运行等情况，及早发现事故隐患
闻	闻有无异常气味或刺鼻气味，若有异常应立即寻找根源并进行处理
听	听有无异常声响、异常噪声
访谈	与员工交谈，了解员工是否发现有存在的安全隐患
测量	采用仪器仪表（如设备无损检测仪、气体浓度检测仪等）对设备内部缺陷、作业环境条件等进行测量

○ 安全隐患的排查可从现场环境、设备设施、危险品、安全设施、生产作业等方面入手，并制作详细的排查表进行排查。

表 8-2 是某企业的安全隐患排查表，供读者参考。

表 8-2　安全隐患排查表

类别	项目	要求
现场环境	温度、湿度	是否符合环境的要求
	采光、照明	是否符合环境的要求
	噪声、震动	是否对人体、作业、设施造成危害
	易燃、易爆及有毒环境	是否合理存放使用及是否有泄漏现象
	粉尘、气味	是否对人体、生产、环境造成危害
	安全、警戒范围	是否合理设置，是否明确标识
	地面	是否有湿滑、积水、凹凸不平等问题
设备设施	机械、设备	设备上是否有残缺、破损等安全隐患 是否有松动或未固定的部件
	仪器、仪表	仪表仪器是否准确、是否完好
	设备、工装表面	表面有无毛刺和尖锐棱角
	配线、管道	布局是否合理，有无泄漏和裂纹等安全隐患
	设备运转部位	安全措施、保护用的遮盖物等是否齐备

续表

类别	项目	要求
危险品	危险品的放置	化学危险品是否分类放置，是否按规定位置、高度放置
	危险品的保管	是否指定了危险品保管人，是否制定了危险品的保管方法
安全设施	防火设施、预警设备	布局是否合理、数量是否充足、是否能够正常使用
	安全通道、出口等	是否畅通、无杂物
生产作业	劳动保护用品	是否充分、正确地佩戴或使用
	作业动作	是否按安全操作规程操作
	物品搬运	是否按规定数量、规定动作进行搬运
	焊接作业	是否佩戴保护用具、器具
	高空作业	是否采取了保护措施
	高速运转工具	是否采取了防护措施

8.2.3 安全隐患治理：彻底消除安全隐患

在安全隐患排查结束之后，7S 推行人员须对各部门检查发现的安全隐患进行整改治理，以便彻底地消除安全隐患。安全整改对策如表 8-3 所示。

表 8-3 安全整改对策

措施	具体说明
技术类措施	◆通过对设备进行技术性改造、加装安全性措施和进行安全标识等方法进行整改，这些措施一般需要投入一定的资金，企业每年可设立专门的预算，根据隐患改善计划拨出相应的经费，专门用以解决安全隐患问题 ◆7S 推行人员在制定安全技术类措施时，需要遵循消除隐患、安全预防、减少危险、隔离隐患等原则
管理类措施	◆制定相应的操作规范，确保员工在生产操作、搬运、维修、装卸等过程中严格按照操作规范进行

➲ 在安全隐患排查结束之后，要把所有的安全隐患分部门或分类别进行汇总，

并制作安全隐患汇总表,以便于督促整改和留档记录。

⊃ 对于出现重大安全隐患的,7S 推行人员可对各部门和生产现场发出整改通知书,限期整改。

⊃ 收到整改通知书的部门,对于问题的发生,要彻底追究,并采取有效的对策,防止再次发生。

8.2.4 危险预知训练:发现危险寻找对策

危险预知训练是针对生产特点和作业全过程,以危险因素为对象,以作业班组为团队开展的一项安全教育和训练活动。通过危险预知训练可以发现危险因素,寻找解决对策。危险预知训练活动实施步骤如表 8-4 所示。

表 8-4 危险预知训练活动实施步骤

步骤	步骤说明	实施办法
第 1 步	把握现状(1R)	以现场、现物为中心,找出作业中潜在的危险因素,并根据危险因素设想可能发生的危险情况
第 2 步	追究原因(2R)	在已发现的危险点中,把握最重要的危险点,并分析其产生的原因
第 3 步	制定对策(3R)	针对重要的危险点,制定相应的对策
第 4 步	决定行动计划(4R)	找出对策中的重点实施项目,然后进行连续训练

⊃7S 推行人员应充分发挥组织和引导作用,调动每一个人发言的积极性,防止活动变成推行人员自身唱独角戏。

⊃ 流程正确(必须严格按照 4R 要求进行训练);过程清楚(每个步骤必须达到所要求的目标,做到抓住重点,不能含糊不清和混淆)。

⊃ 危险预知训练表格填写规范、正确,危险因素描述准确,对策措施具体可行。

⊃ 行动目标重点突出(要求针对本岗位,不能千篇一律)。

⊃ 对策措施必须进行落实,防止活动流于形式。

案例:某员工跨站人字梯,使用电钻在金属棚架侧面按顺序每隔 30cm 钻孔,具体如图 8-8 所示,针对本案例的危险预知训练活动表如表 8-5 所示。

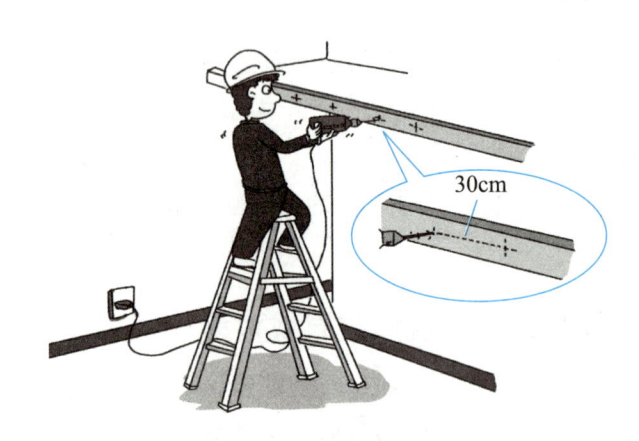

图 8-8 员工现场操作图

表 8-5 危险预知训练活动表

作业地点	××车间××班组			作业时间	××日××时
作业人员	××			负责人	××
作业内容	危险因素描述	4M 1E	重要	一般	实施对策
跨站人字梯，使用电钻在金属棚架侧面钻孔	跨过人字梯作业有掉落危险	人		√	教育作业人员跨梯作业
	因电钻绝缘不好有漏电危险	机	√		检查电钻绝缘性是否符合要求
	因梯子不牢固有倒塌危险	物		√	检查梯子是否牢固
	因梯子摆放不稳有滑倒危险	法	√		摆放好梯子，并有防滑措施
	因旁边无监护人员，意外时不能及时处理	环	√		安排监护人员

8.2.5 进行安全标识：实现安全的可视化

安全标识是一种防御性的安全警告装置，进行安全标识可以实现安全的可视化，有效提高作业人员的警觉性，防止事故的发生。

安全标识包括安全色、安全标语和安全标志。

1. 安全色

7S 推行人员可通过设置安全色的方式来进行对禁止、警告、指令等的标识，使人们能迅速发现或分辨安全标志，提醒人们注意，预防事故发生。安全色的图示说明如图 8-9 所示。

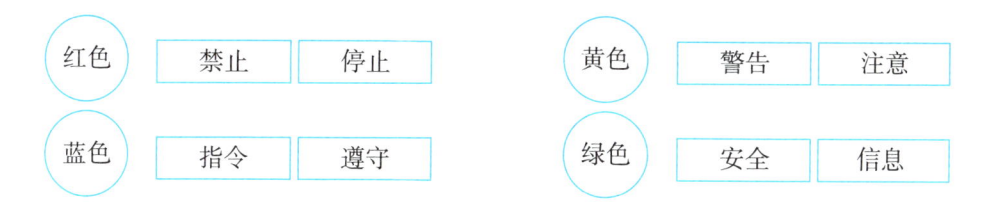

图 8-9　安全色的图示说明

① 红色：适用于表示禁止、停止、消防和存在危险的状况。
② 黄色：适用于表示警告、注意等情况，危险性未有红色情况。
③ 蓝色：适用于表示指令，即必须遵守的规定。
④ 绿色：适用于表示通行、安全和提供信息。

2. 安全标语

为了提高作业人员的警觉性，可在工作现场悬挂相关的安全标语，让员工时刻都能够看见，从而警示其注意安全。

3. 安全标志

7S 推行人员可通过设置安全标志来进行安全防护，安全标志分禁止标志、警告标志、指令标志和提示标志四大类型。安全标志的说明如表 8-6 所示。

表 8-6　安全标志的说明

标志类型	标志说明	基本形式	图例
禁止标志	禁止不安全行为的图形标志	带斜杠的圆边框	
警告标志	引起注意，避免发生危险的图形标志	正三角形边框	

续表

标志类型	标志说明	基本形式	图例
指令标志	强制必须做出某种动作或采用防范措施的图形标志	圆形边框	
提示标志	提供某种信息（如标明安全设施或场所等）的图形标志	正方形边框	
文字辅助标志	文字辅助标志是对上述标志加注名字辅助理解的标志		

8.2.6　进行安全防护：避免发生安全事故

安全是目的，防护是手段，进行安全防护就是通过防范的手段达到或实现安全的目的。通过安全防护可避免员工发生安全事故，防止员工受到伤害。

1. 设置安全标志和安全色

各部门应根据作业场所的实际情况，在有较大危险因素的作业场所或有关设备上，设置符合《安全标志及其使用导则》（GB 2894—2008）规定的安全标志，避免环境和设备给员工造成危害。

各部门需在下列设备设施、作业场所和环境设置安全标志：

① 特种设备的显著位置。

② 可能产生严重职业危害的作业岗位。

③ 在设备设施检维修、施工、吊装等作业现场设置警戒区域和警示标志，在检维修现场的坑、井、洼、沟、陡坡等场所设置围栏和警示标志。

④ 设备裸露的运转部分，应设有防护罩、防护栏杆或防护挡板。

⑤ 吊装孔应设置防护盖板或栏杆，并设警示标志。

2. 安全防护设施的设置

安全防护设施是指安全网、孔洞盖板、防护围栏、防护栏杆及机械防护装置等。在作业过程中，应根据作业安全需要搭设临时安全防护设施。

① 各施工单位负责自身施工区域内需要的安全防护设施的设置。

② 公用区域大型安全防护设施的设置任务由 7S 推行人员统一协调安排。

③ 安全防护设施的设置要完善，做到"有边就有栏，有洞就有盖，交叉作业有隔离，安全通道有封闭，高处作业下方有安全网"。

④ 施工过程中需采取的临时安全防护设施要做到安全、可靠、完善、适用。

⑤ 安全防护设施设置后，7S 推行人员要组织相关技术人员进行检验。

3. 劳动防护用品的管理

7S 推行人员应当为员工配备与工作岗位相适应的符合国家标准或者行业标准的劳动防护用品，并监督、教育从业人员按照使用规则佩戴、使用。办公室根据相关规定制定劳动防护用品配备标准，按照相关规定及时为从业人员发放劳动防护用品，并做好发放记录。劳动防护用品发放标准如表 8-7 所示。

表 8-7 部分工种防护用品配备标准

防护用品 工种	工作服	工作帽	工作鞋	劳防手套	防寒服	雨衣	胶鞋	防护眼镜	防尘口罩	防毒护具	安全帽	安全带	护听器
电工	√	√	fzjy	jy	√	√					√		
电焊工	zr	zr	fz	√	√			hj			√		
调修工	√	√	fz	√									
电气操作工	√	√	fzjy	jy	√	√	jfjy				√	√	
机械操作工	√	√	fz	√	√		jf		√		√		
起重工	√	√	fz	√	√	√	jf				√	√	
司机	√	√	√	√	√		√						

说明：表中"√"表示必须配备的防护用品；字母表示防护用品应具有的防护性能，fz 表示防砸（1~5级）；jy 表示绝缘；zr 表示阻燃耐高温；hj 表示焊接护目；jf 表示胶面防砸。

8.2.7 安全监督检查：确保员工安全生产

为及时发现和纠正员工的不安全行为和物的不安全状态，弥补管理缺陷，消除安全事故存在的隐患，采取防范措施，确保员工的安全，7S 推行人员需要对企业内的全体员工进行安全的监督和检查。

1. 安全监督检查类型

安全监督检查分经常性日常检查、定期检查、季节性检查、节假日检查及专项检查等类型。具体的类型说明如表 8-8 所示。

表 8-8 安全监督检查类型

检查类型	具体说明
日常检查	在日常工作过程中，班组长和各部门相应区域的负责人需要对容易出现问题的部门进行日常安全检查
定期检查	企业每月一次、部门每周一次、班组每日一次对生产现场进行定期全面检查
季节性检查	主要由相关专业人员组成检查组，实施防洪、防雨、防雷电、防坍塌、用电、电气设备、环保等季节性检查
节假日检查	要有针对性地进行，重点对节假日工地值班、锅炉房和一些易燃、易爆及有放射性、腐蚀性等场所的防护情况进行检查
专项检查	对重点工程、专项方案、关键工序和易发生安全隐患的部位，实行专项重点检查和跟踪，专项检查必须制定相应的专项检查方案

2. 安全监督检查的内容

企业每月进行一次安全监督检查，由 7S 推行人员、相关部门与分管安全生产的专业安全管理人员共同组成安全生产检查组进行安全监督检查，安全监督检查的内容如图 8-10 所示。

8.2.8 进行安全操作：避免出现违规行为

为了确保员工的安全，避免其出现违规操作行为，7S 推行人员需要对企业员工进行安全操作管理，作业人员也需要遵循相应的安全操作规程。

第 8 章　安全实施　　155

规章制度执行情况检查

①是否实施安全生产责任制
②是否实施岗位安全操作规程
③是否实施交接班制度
④是否制定并演练事故应急预案

唉，制定了安全规章制度，却无人执行啊！

规章制度是否执行

作业人员检查

①员工是否具有安全意识
②员工是否遵守安全纪律
③员工是否违规操作
④员工是否佩戴安全防护用品

作业过程中是否存在闲聊

设备设施检查

①设备的运行是否正常
②防护设备是否良好
③设备是否定期维护

作业过程中是否佩戴安全防护用品

环境的检查

①物品是否按规定堆放
②是否设置安全标识
③现场是否存在职业危害因素

物品堆放情况

图 8-10　安全监督检查的内容

1. 安全作业许可证

企业可通过安全许可证对员工进行作业操作的管理，避免其出现违规操作行为，防范安全事故的发生。安全作业许可证包括动火作业许可证、受限空间作业许可证、吊装作业许可证、盲板抽堵作业许可证、动土作业许可证、断路作业许可证、高处作业许可证、设备检维修作业许可证。表 8-9 是动火作业许可证的样例。

表 8-9 动火作业许可证

编号：

日 期	
作业内容	
动火分析	
已采取的防护措施：	
动火单位负责人：	
分析人	监护人
批准人	作业人

编号：

施工单位		动火实施人	
动火方式		动火监护人	
动火部位		工作内容	
危险分析			
检测时间	检测结果	检测人	
动火时间	月 日 时 分至 时 分	确认人	
安全防护措施			
责任人签名	班长签字	车间主任意见	领导意见
完工验收		当班主任签名	

2. 特种作业操作证

特种作业人员所持证件为特种作业操作证。特种作业人员必须接受与本工种相适应的、专门的安全技术培训，经安全技术理论考核和实际操作技能考核合格，方可取得特种作业操作证，取得特种作业操作证后才能上岗作业，以免出现违规操作行为。特种作业操作证如图 8-11 所示。

图 8-11　特种作业操作证

特种作业包括电工作业、焊接与热切割作业、起重机械作业、企业内机动车辆作业、高处作业、锅炉作业、压力容器作业、制冷与空调作业、爆破作业、采掘作业、危险化学品作业、矿山作业、烟花爆竹作业、民用爆破器材作业、电梯作业、压力管道运行作业、客运索道作业和大型游乐设施作业等。

3. 安全操作规程

企业还可制定安全操作规程对员工作业进行管理，所有作业人员必须熟练掌握本岗位和所操作机械设备的安全操作规程，遵章守纪，服从指挥，规范作业。

安全操作规程主要包括工种、机械（设备）和作业等部分，根据企业性质及作业或施工的特点来编制。

8.3　安全的具体实施

8.3.1　员工安全管理实施

在日常工作中，如果员工遵守以下"人身安全二十不"，基本就可确保员工自身的人身安全。"人身安全二十不"如图 8-12 所示。

人身安全二十不

安全生产最重要，规程制度为指导。工作事事应仔细，危险隐患及时消。牢记以上二十条，工作幸福乐逍遥。

1. 违规着装不进岗
2. 情绪不好不上岗
3. 没有指挥不乱干
4. 没看清楚不瞎干
5. 联系不好不蛮干
6. 侥幸心理不能存
7. 违章事情不做
8. 违章指挥不听
9. 危险地方不去
10. 危险道路不走
11. 没有把握不干
12. 没有停电不修
13. 没有挂牌不许修
14. 挂牌不摘不送电
15. 用具不牢不去用
16. 运转部位不触摸
17. 高空作业不跳跃
18. 滑动物上不跨越
19. 行车中间不穿越
20. 对面来车不抢过

图 8-12　人身安全二十不

8.3.2 作业安全管理实施

作业安全管理主要包括企业内相关生产作业类型的作业管理和危险作业管理。

1. 生产作业管理

➲ 生产作业管理对于机械相关行业来说，主要包括车工操作、铣工、钻工、刨工、磨工、镗工、钳工、锻工等操作的安全管理。

⊃ 对于生产相关的作业需要制定相关的安全操作手册或者安全作业指导书来对其进行管理，确保员工按照其进行操作。

2. **危险作业管理**

⊃ 危险作业主要包括动火作业、受限空间作业、起重作业、登高作业、电气作业和焊接作业六类。

⊃ 由于其危险性比较大，企业需对危险作业进行规范，杜绝安全事故发生。

⊃ 企业还需颁布相关的禁令来对危险作业进行管理，避免出现安全事故，作业安全知识如图 8-13 所示。

镗工安全操作知识	起重作业"十不吊"
1. 工作前认真检查夹具及锁紧装置是否完好正常 2. 调整镗床时应注意：升降镗床主轴箱之前，要先松开立柱上的夹紧装置，否则会使镗杆弯曲及加紧装置损坏而造成安全事故 3. 工件夹紧后要保持牢固，工作中不应松动 4. 工作开始时，先用手动进给，使工具接近加工部位时，再用机动进给 5. 当刀具在工作位置时，禁止开车或停车 6. 机床运转时切勿将手伸过工作台，检查工件时应在检查前将工具退到安全位置	1. 指挥信号不明或乱指挥不吊 2. 超负荷不吊 3. 工件紧固不牢不吊 4. 吊物上面有人不吊 5. 安全装置不灵不吊 6. 工件埋地下不吊 7. 光线阴暗看不清不吊 8. 斜拉工件不吊 9. 棱角物件没有措施不吊 10. 锅水包过满不吊

图 8-13　作业安全知识

8.3.3　物品安全管理实施

物品安全指物品存放、搬运和使用的安全。物品安全管理必须认真贯彻执行"安全第一，预防为主"的方针，加大对物品的管理力度，保障物品和人员的安全。

1. **物品的安全存放**

① 物品应分类、整齐、合理地存放，物品存放应保持一定的通道间距，确保物品的存放安全。

② 物品存放场所需要做好通风防潮等措施，确保物料存储环境符合规定。

③ 易燃、易爆、易腐蚀等化学危险品应单独设库，并做好专门的标识。

④ 危险品的包装容器应当牢固、密封，发现破损、残缺和变形时，应当及时进行安全处理，严防跑、冒、滴、漏。

易燃物品要合理存放，避免发生火灾

2. 物品的搬运安全

① 搬运物品应轻拿轻放，防止撞击、摩擦、碰碎、震动。

② 搬运物品过程中，装卸搬运人员严禁饮食、喝酒、吸烟。

③ 装卸搬运人员之间应做好配合协调工作，任何个人不得冒险，违章操作。

④ 两种性能相抵触的物品，直接接触能剧烈反应，应严禁同车混装搬运。

⑤ 搬运人员应检查包装容器、搬运设施是否破损，搬运时严禁用身体直接接触危险品。

搬运设施损坏不得搬运

3. 物品的使用安全

① 作业人员在物料使用过程中应严格按照物料使用规定进行使用，避免造成安全隐患。

② 作业人员在使用物料时，应穿防护服、戴口罩和防护眼镜、戴橡胶手套等安全防护措施。

8.3.4 设备安全管理实施

设备的安全管理主要包括设备本身的安全、设备使用过程的安全管理、设备安全防护、采用控制技术消除或减弱不安全因素等内容。

1. 设备使用安全

设备使用的安全管理主要是使员工在使用设备的过程中做到安全、可靠。其主要做到如下两个方面的要求：

➲ 要制止设备使用中的蛮干、滥用，超负荷、超性能、超范围使用造成的设备过度磨损，寿命降低。企业可通过实行按证操作制度，确保员工不违规操作使用。

➲ 要避免设备出现故障，企业可实行设备使用保养责任制，确保操作人员按规程要求搞好设备保养，保持设备处于良好技术状态。

2. 设备安全防护

在工艺流程中和生产设备上设置安全防护装置，实现自动化等措施，增加系统的安全可靠性，即通过安全装置发挥作用而避免伤亡事故的发生。

3. 消除设备的不安全因素

消除设备的不安全因素是确保生产安全的基础，因此企业消除设备的不安全因素可以有效地确保员工的安全。设备的不安全因素如表 8-10 所示。

表 8-10　设备的不安全因素

危险因素	具体说明
机械性危险因素	◆静态危险，如刀具的刀刃、机械设备突出部分、飞边等 ◆动态危险，如接近危险、经过危险、卷进危险、打击危险、震动夹住危险、飞扬打击危险等
非机械性危险因素	◆触静电危险、灼烫和冷冻危险、震动危险、噪声危险、粉尘危险等

夹住危险　　　　触电危险

8.3.5　环境安全管理实施

工作环境是进行工作场所的地点、周围区域及通道。工作环境安全管理，有利于进一步保证员工的安全。

1. 有害因素控制

环境安全管理主要是对有害因素进行控制，即控制环境中的粉尘、噪声、震动、辐射等有害因素，满足安全生产要求。环境有害因素控制方法如表 8-11 所示。

表 8-11　环境有害因素控制方法

方法	具体说明
通风	通过安装通风装置可使空气中的有毒有害物质保持在安全范围以内
隔离	隔离法是用围挡隔离、时间隔离、距离隔离等将环境中的有害作业点与作业人员隔开
密闭	将机器设备、容器等加以密闭，使有毒气体、液体或粉尘不能逸出
隔热	采用隔热材料防止高温、热辐射伤害
湿式作业	利用水对粉尘的湿润作用，减少粉尘危害

2. 环境安全标识

很多安全事故是由于员工不注意现场环境中的危险源而发生的，因此，做好现场环境中的危险源的标识，可以减少很多安全事故的发生。安全标识方法如下所示：

➲ 用有颜色的警戒线标出机械活动范围或工作区域，以防止误入危险区域而发生安全事故。

➲ 用醒目的字体和标志标出障碍物、悬挂突出物及其他潜在危险物体，防止发生危险。

➲ 在禁烟、禁火等场所区域，设置禁止标志；放置消防设施等安全设施的场所，设置提示标志。

8.3.6　消防安全管理实施

消防安全管理需要设置好消防设施及其标识，同时还需要做好日常消防情况的监控，避免出现火灾，对于出现的火灾，企业也需要采取适当的措施进行处理。

1. 设置消防设施

企业建筑物内凡存放物品的地方，有人员活动的公共场所、娱乐场所、楼层间、机房、电房、办公室等位置视情况配备相应的消防器材。

由管辖部门负责维护保管消防设施及其外表的清洁卫生，摆放消防器材的地方不得堆放杂物，改变消防器材摆放的位置时，要经相关领导同意，有意损坏消防器材要罚款，情节严重的要追究责任。

2. 消防设施标识

① 应急指示灯标识（如图 8-14 所示），分别安装在各层通道及楼梯内，其作用是在火灾情况下可作应急照明使用，并提示人们安全疏散的方向。

② 禁止吸烟标识（如图 8-15 所示），在管理区域内公共场所安装禁止吸烟标识牌，其作用是提示人们在公共场所不许吸烟，做到文明办公，防止火灾发生。

图 8-14　应急指示灯标识　　　图 8-15　禁止吸烟标识

③ 火警电话标识（如图 8-16 所示），在各层通道内分别安装火警电话标牌，其作用提示大家时刻记住火警电话，火灾时及时报警。

④ 消防器材指示标识（如图 8-17 所示），在各层指向灭火器的方向分别安装指示牌，其作用是提示该方向设有灭火器材，一旦发生火灾及时使用。

⑤ 消防器材的标识（如图 8-18 所示），在管理区域内所有消防器材的门上都印上相关消防器材的名字和图样，提示人们该处设有消防器材。

图8-16　火警电话标识　　图8-17　消防器材指示标识　　图8-18　消防器材的标识

3. 火灾的监控

企业可设立消防监控中心，对各区域进行监控，预防火灾发生，具体的监控措施如下所示。

① 监视火灾报警控制和监控设备设施，严格按程序操作。

② 经常性对消防控制室设备及通信器材等进行检查，定期做好各系统功能试验、维护等工作，确保运行状况良好。

③ 当火警发生时，正确及时地操作消防报警控制设备设施，并按规定的报警程序及时通知有关部门及负责人。

④ 发现设备设施故障时，及时通知值班领导和工程技术人员进行修理维护。

4. 五类火灾的灭火方法

当企业出现火灾时，不同类型的物品，所使用的灭火方法也不相同，表8-12对不同类型火灾的灭火方法进行了说明。

表8-12 五类火灾的灭火方法

火灾类型	燃烧物体	物品举例	灭火方法
A类火灾	含碳可燃物体	木材、棉、毛、麻、纸张等	水为最佳灭火剂
B类火灾	可燃的液体	汽、煤、柴油、甲醇、乙醚、丙酮等	干粉、二氧化碳灭火剂
C类火灾	可燃的气体	煤气、天然气、氢气、甲丙烷等	二氧化碳灭火剂
D类火灾	可燃的金属	钾、钠、镁、钛、铝镁合金等	专用的轻金属灭火器
E类火灾	带电的火灾	带电物体燃烧的火灾	干粉、二氧化碳灭火剂切记不能用水

A类火灾的场景图　　E类火灾的场景图

8.3.7 办公安全管理实施

办公室里出现意外事故，轻则正常的工作被中断，重则伤及自身或同事，甚至引起惨痛的后果，因此每位员工对办公室的安全都不应等闲视之，要时刻注意办公室的安全。办公室安全的注意事项如下所示：

➲ 不要堆放杂物阻塞楼梯及通道，电线及电话应远离通道，以免绊倒使用通道的人。

➲ 使用电热水器、电炉应特别小心，以免电线负荷过重或漏电伤人；下班离开办公室时，应将所有电器的电源关闭。

➲ 办公桌应保持整洁，锋利及尖锐的文具应小心使用及妥善摆放；文件柜用完后应立即关上，防止翻倒或绊倒人。

➲ 若在高处工作，拿取或存放物品，应使用稳固的梯子，不要站在木箱、纸箱、旋转椅或其他不稳固的物品上。

➲ 办公室要门窗牢固，窗户要有保护栏杆，重要的办公室要安装防盗门及技防设施。

➲ 重要文件、资料要及时送档案室，个人文件、资料要妥善保管，不要乱放乱丢，严防泄密。

8.3.8 仓库安全管理实施

1. 消防安全

➲ 要贯彻"以防为主，以消为辅"的消防工作方针，要建立有领导负责的逐级防火责任制和岗位防火责任制。

- 建立健全消防安全制度，对重点要害部位，要定点、定人、定措施。
- 建立消防安全教育制度，组织员工学习消防安全技术知识与扑救方法。
- 制订灭火作战计划，以便发生火灾和其他事故时能及时阻止灾害蔓延。
- 配备足够的消防设备，保持完整好用。

2. **警卫安全**

要加强仓库治安保卫工作的管理，建立保卫部门或配备专职保卫人员，经常对职工进行安全保卫工作教育，同时要结合实际情况，建立门卫检查、警卫执勤、巡逻、值班等制度，以确保仓库安全。

3. **安全检查**

为了消除隐患，堵塞漏洞，仓库应采取定期检查与经常性检查相结合，推行人员检查与部门检查相结合的方法，实行逐级负责的检查制度。具体内容如下：

- 禁止明火（火源）存在，对易燃易爆物品加强管理。
- 安全用电，避免超负荷用电、短路、绝缘老化等。
- 按规定配置消防设备设施（消火栓、灭火器、疏散指示标志、安全通道等）。
- 库房外要有消防车通道和有效的防范措施。

第 9 章 节约实施

9.1 节约的基础知识

9.2 节约的方法技巧

9.3 节约的具体实施

9.1 节约的基础知识

9.1.1 节约的含义

节约是通过改善，对物品、能源、时间、人力合理利用，以发挥它们的最大效能，从而消除浪费、节约成本。其含义如图 9-1 所示。

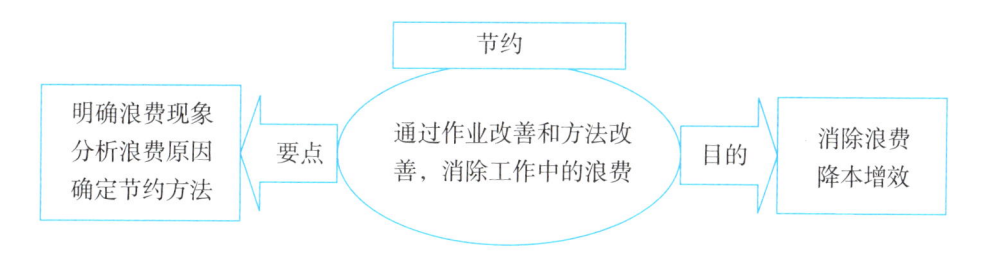

图 9-1 节约的含义

◉ 节约的要点是明确浪费现象、分析浪费原因、确定节约方法，具体如下：

①明确浪费现象，就是通过现场调研，弄清企业生产、经营等各个环节存在浪费的地方，如过量的产品生产。

②分析浪费原因，就是针对企业中的各种浪费现象，根据其具体性质，分析其产生原因。如分析过量的产品生产是否是由于没有做好计划造成的。

③确定节约方法，是企业在明确产生浪费的原因之后，采取有效的措施减少浪费，以实现节约。如企业因没有做好计划而产生过量产品，在下一期生产中，就应做好充分的市场调查，弄清市场需求，做好生产计划。

◉ 节约的目的是：通过节约教育和宣传、实施精益生产等节约活动，增强员工的节约意识，消除浪费，同时提高资源利用效率，节约成本。

9.1.2 浪费的现象

企业中的浪费现象，包括物品浪费、设备浪费、能源浪费、人力浪费、时间浪费、空间浪费等，具体如表 9-1 所示。

表 9-1　浪费现象一览表

名称	具体内容
物品浪费	◆不按定额使用物料形成的浪费 ◆在工作中不按正确方法进行生产或使用物料造成的物料浪费 ◆在物料搬运过程中，因搬运方法不当或未做好防护措施造成损坏、损失的浪费 ◆物料存放、维护方式不当造成损坏、变质等形成的浪费 ◆产品质量不良和过量生产造成的浪费
设备浪费	◆因缺乏工作计划，使机械设备未得到充分利用形成的浪费 ◆机械设备状态不良，造成生产效率低下形成的浪费 ◆由于缺乏物料或工作人员离开等导致设备空转形成的浪费 ◆设备缺乏必要的保养、维护而损坏造成的浪费 ◆可修理的设备以报废处理形成的浪费 ◆该报废设备的却修理，花费更多而形成的浪费
能源浪费	◆在工作中不按定额，过多使用能源造成的浪费 ◆放任能源流失形成的浪费，如下班时不关水电
人力浪费	◆由于人员配置不当造成人员空闲形成的浪费 ◆由于员工消极工作、技术不熟练等原因造成员工工作效率低形成的浪费
时间浪费	◆由于不必要的移动、放置等搬运带来的时间成本浪费 ◆员工工作过程中，多余和重复的动作带来的时间成本浪费 ◆由于设备停机、物料短缺、工作不平衡、工作计划安排不当等原因导致员工等待形成的浪费 ◆设备、工具切换形成的时间浪费
空间浪费	◆物品摆放不合理占用过多空间形成的浪费 ◆不用物品未及时处理，占用空间形成的浪费 ◆物品未按存放要求存放造成的空间浪费

⊃ 需要注意的是，形成某一项浪费的场合，有可能同时包含了其他种类的浪费。比如，人员配置不当，造成人员空闲形成人力浪费；同时，空闲的人由于等待又形成了时间浪费。

⊃ 除上述分类方式之外，企业中的浪费现象按其形成原因又可分为搬运浪费、作业浪费、动作浪费、等待浪费、过量浪费、不良浪费等。

9.1.3　节约的实施步骤

企业实施节约活动，首先应明确企业中存在的浪费现象，然后制定减少浪费的办法，最后在工作中监督员工实施节约，具体如图 9-2 所示。

明确浪费现象 ⇨ 明确节约办法 ⇨ 实施节约活动

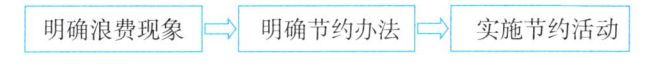

图 9-2　节约的实施步骤

◐ 明确浪费现象，是 7S 推行人员通过对现场的检查和分析，了解现场存在的各种浪费现象。

◐ 明确节约办法，是 7S 推行人员根据现场存在的各种浪费现象，有针对性地提出各种节约措施。如将边角料重新进行利用等来节约物料。

◐ 实施节约活动，是指在明确节约方法后，7S 推行人员需监督各部门按照制定的节约办法实施。具体如下：

① 7S 推行委员会首先需要通过会议、公告栏宣传实施节约活动的方式，以便员工都能够对其有一定的了解，同时颁布相应的奖惩措施，厉行节约。

②在节约活动实施过程中，7S 推行委员需不定期到各部门进行检查，发现浪费现象的要及时给予指出，并监督其纠正，并杜绝再次发生。

③在节约活动实施一段时间之后，7S 推行委员会需按照奖惩办法对节约成果突出的部门给予奖励，反之给予惩罚。

9.1.4　节约的注意事项

在日常工作中，节约习惯的养成，不是一蹴而就的，需要企业从各个方面进行约束、整改。为了使员工养成节约的习惯，企业在推行节约活动的过程中，需要注意如图 9-3 所示的注意事项。

1. 加强节约宣传　　2. 有制度保障
3. 减少看不见的浪费

图 9-3　节约的注意事项

⊃ 加强节约宣传，是因为节约也是一种素养，而素养的形成，需要企业持续不断地进行精神刺激。因此，企业应通过张贴浪费看板等活动，加强节约宣传，以使员工形成节约习惯。

⊃ 有制度保障，指为全面落实节约活动，应制定相关制度、规定及奖惩办法等，以保障节约工作顺利开展。

⊃ 减少看不见的浪费，主要指减少时间上的浪费，因其往往容易被管理者忽视，给企业造成巨大损失。比如，因往来搬运物品造成的搬运浪费，作业不平衡造成的等待浪费等，现场管理人员应有针对性地审视并注重改善这类浪费现象。例如，采用传送带，减少搬运过程中的时间浪费。

9.2 节约的方法技巧

9.2.1 加强节约教育：增强节约意识

为增强员工的节约意识，需加强对员工的节约教育。7S 推行人员可采取各种方法对员工进行节约教育，如进行课堂教学、开展节约知识小讲座等。

⊃ 课堂教学，是利用业余时间组织员工上课，给员工讲解企业中浪费的现象和减少浪费、厉行节约的方法，是使员工增强节约意识，了解节约知识的方法。

课堂教学　　　　　　　　　　节约知识竞赛问答

⊃ 节约知识小讲座，在 7S 推行人员的组织下开展节约知识小讲座，能够让员

工了解企业资源利用情况和物料浪费情况，使员工自觉养成节约的好习惯。

◯ 节约知识问答，7S 推行人员可利用空闲时间，对员工开展节约知识提问，来加强对员工的节约教育，从而增强员工的节约意识。

9.2.2　实施节约活动：减少现场浪费

为了减少现场工作中的浪费，7S 推行人员可根据企业的具体情况，采取适当的节约活动。企业可实施的节约活动包括节约宣传活动、节约建议征集活动和节约活动月等，常见的节约活动如图 9-4 所示。

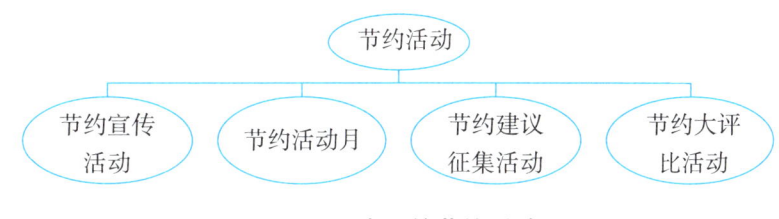

图 9-4　常见的节约活动

◯ 节约宣传活动：7S 推行人员组织各部门充分利用网络媒体、板报、活动专栏、标语条幅开展宣传活动，促使员工节约习惯的养成。

◯ 节约活动月：7S 推行人员组织各部门在一个月内开展节约活动，明确规定物品、能源等的节约目标，然后在这段活动时间内，不定期到各个部门进行检查，对检查中发现的浪费现象给予指出和纠正。活动结束时，依据各部门节约目标达成情况进行排名、评比，以激励员工节约。

◯ 节约建议征集活动：7S 推行人员设置征集箱广泛征集节约方法建议，并制定奖励办法，鼓励员工在生产中探索减少物品、能源、设备、人力、时间、空间浪费的方法，提出合理化节约建议，以减少生产浪费。

◯ 节约大评比活动：对不能自觉节约资源的部门或班组进行处罚。

9.2.3　张贴浪费看板：避免浪费产生

张贴浪费看板，是将常见的浪费现象明确展示在看板上，以引起员工注意，避免员工产生浪费行为，7 大浪费宣导看板如图 9-5 所示。

张贴浪费看板的要点包括：确定浪费看板展示内容、确定浪费看板展示地点。

⮕ 确定浪费看板展示内容，需要明确常见的浪费现象和避免浪费的方法。

①明确浪费现象，是将企业里常见的各类的浪费现象（如下班时忽略关灯等）展示在看板上，以使员工对其产生深刻的认识，自觉减少浪费。

②确定避免浪费的方法，是针对看板所展示的各种浪费现象，提出应对的办法和措施。例如，针对产品质量不良产生的浪费，应通过仔细的质量检查，确定产生不良的具体原因，然后针对原因进行整改，以避免因产品质量不良产生浪费。

⮕ 浪费看板应张贴在车间入口处，或企业公告栏等容易引起员工注意的地方。

⮕ 企业在浪费看板上展示常见的浪费现象和避免浪费的方法之后，员工应时刻对照自己的行为，以避免工作中的浪费发生。

7大浪费宣导看板

1. 生产过剩浪费表现
库存、在制品增加材料，零件过早取得，产品积压，物流阻塞

2. 等待的浪费表现
人员的"闲视"等待
作业充实度不够的等待
设备故障、材料不良的等待
生产安排不当的人员等待

3. 不合格品的浪费表现
因作业不熟练所造成的不合格
因不合格而修整造成的浪费
因不合格造成人员物料的浪费

4. 作业的浪费表现
作业编排不合理造成的浪费
作业方法不科学造成的浪费
不按规定进行操作造成的浪费
作业不熟练造成的浪费

5. 搬运的浪费表现
搬运到距离很远的地方
小批量地运输
出入库次数多的搬运

6. 时间的浪费表现
文件等待处理或决策
安排不当造成进程过长
做了没有价值的事情

7. 库存的浪费表现
占用过多的工作场所
仓库建设投资的浪费
物品价值会降低，容易变成呆滞品

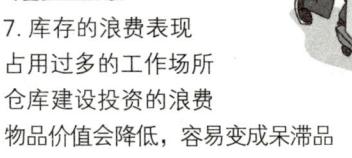

图 9-5　7 大浪费宣导看板

9.2.4 张贴节约标识：鼓励员工节约

为了达到减少浪费、降本增效的目的，企业 7S 推行人员可在各区域张贴节约标识，提醒和鼓励员工时刻注意节约。张贴节约标识的要点如图 9-6 所示。

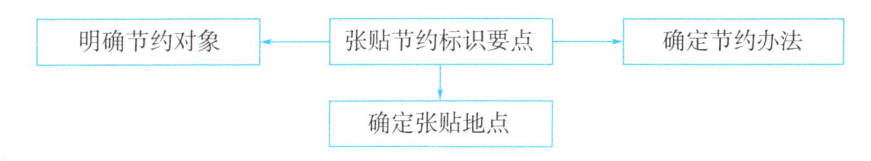

图 9-6　张贴节约标识的要点

- 明确节约对象，就是明确指出员工在工作中应该节约的对象，如水电气。
- 确定节约办法，是指出员工如何进行节约。如随手关灯。
- 确定张贴地点，是指节约标识应张贴在控制物品、能源等消耗的地方。如节约电的标识可张贴在用电开关、按钮处。

相关部门应根据节约对象来确定节约标识的内容，节约标识内容举例如表 9-2 所示，节约标识图示如图 9-7 所示。

表 9-2　节约标识内容举例

节约对象	节约标识内容
电	随手关灯很容易，积少成多省电力
水	不用水时，请及时关闭水龙头
物料	请将边角料放到回收处，不要随意扔掉

图 9-7　节约标识图示

9.2.5　实施精益生产：消除生产浪费

精益生产就是通过一系列措施来达到快速、准时、精确的生产，从而消除浪费，全面提高生产效率。企业可通过精益生产的方式，来杜绝生产浪费。企业要做到精益生产，必须做到准时化生产、均衡化生产、流程化生产等，具体如图9-8所示。

```
                        精益生产方法
┌────┬────┬────┬────┬────┬────┬────┬────┐
│准时化│流程化│均衡化│自动化│全面质│标准化│培养多│准时化│
│生产 │生产 │生产 │处理 │量管理│作业 │能工 │物流 │
└────┴────┴────┴────┴────┴────┴────┴────┘
```

图 9-8　精益生产的方法

◐ 准时化生产采取拉式生产的方式，以最终用户的需求为生产起点，来进行生产，实施物流平衡，追求零库存。

◐ 流程化生产可通过实现单件流程、按加工顺序布置生产设备等措施，实现流程化生产，从而减少在制品积压、生产周期长等形成的浪费。

◐ 均衡化生产是在生产周期内均衡分配任务，使连续两个单位期间的产品生产量波动最小，以减少时间浪费。

◐ 自动化处理，指通过设置报警装置、自动停止装置等，实现异常的自动处理，以减少出错情况下的浪费，同时减少监督人员，节省人力。

◐ 全面质量管理，是全员通过有效的方法对产品生产的全过程进行质量管理，进而消除不良，减少浪费。

◐ 标准化作业，是通过作业测定，制定标准作业书，将最有效的作业顺序、作业环节固定下来，减少作业波动带来的浪费。

◐ 培养多能工，是通过工作轮换等培养能同时操作多工序的多能工，实现少人化。

◐ 准时化物流，可通过多频次、少批量运输等方式，准时将物料或产品运到目的地。

9.2.6　人机配合分析：提高作业效率

人机配合分析，就是通过调查作业者作业时间和机械运转时间的关系，找出人或机械所造成的空闲，借此改善作业流程，提高效率。人机分析步骤如图9-9所示。

第9章 节约实施　177

人机现状调查 → 制作分析图 → 进行作业分析 → 进行调整改善

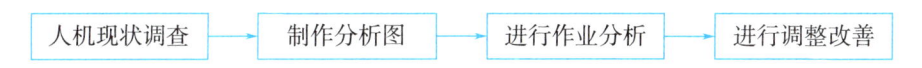

图 9-9　人机分析步骤

○ 人机现状调查，就是调查生产作业中人员和设备的状况，具体调查内容如下所示：

①生产的流程、设备的总体状况

②作业者的作业内容

③作业者的技术水平、熟练度

○ 制作分析图，是利用特定的符号表示人和机器的共同工作时间、单独工作时间、空闲时间，绘制出人机分析图，以分析作业过程。

以一个车床的作业为例，已知一个作业周期人机作业效率如表 9-3 所示。

表 9-3　某车床人、机作业效率

对象	周期时间	工作时间	空闲时间	利用率
人	60（s）	25（s）	35（s）	42%
机械		54（s）	6（s）	90%

根据车床一个作业周期作业现状制作出人机作业分析图如图 9-10 所示。

人	时间	机械	
取材料	3	空闲	
将材料装上车床	10	装上工件	共同作业
开动车床	2		
空闲	35	自动切削	单独作业
停止车床	2	卸下工件	
卸下成品	5		空闲时间
装箱	3	空闲	

图 9-10　人机作业分析图

⊃ 进行作业分析，是根据制作出的人机分析图分析作业过程，看能否进行作业改善，以减少空闲，提高工作效率。

⊃ 进行调整改善，是根据空闲时间的具体情况，选择合适的方法进行改善，以提高效率。

人机分析改善方法如表 9-4 所示。

表 9-4　人机分析改善方法

序号	项目	改善方法
1	作业者空闲的情况	◆改善机械性能，缩短机械自动运转的时间 ◆看能否同时操作其他机械
2	机械空闲的情况	◆缩短作业者单独作业时间 ◆看能否将手工作业自动化
3	作业者和机械都空闲的情况	◆重新编排作业次序，再按 1、2 项进行完善

在上例中，作业者空闲的时间比较多，因此可考虑同时操作其他机械，其改善后的作业分析图如图 9-11 所示。

根据分析图列示的作业情况，可知调整后作业效率改善情况如表 9-5 所示。

9.2.7　标准时间设定：提高作业效率

标准时间设定，就是确定"一位员工以标准作业方法、标准速度进行作业所需的时间"，以提高员工作业效率。

1. 标准时间的计算

标准时间的计算公式为：标准时间 = 观测平均值 × 评核系数

⊃ 观测平均值就是将多次测量的作业时间进行算术平均后的数值。

⊃ 评核系数，是将观察实际作业所得的时间转换成标准时间的系数，用以评估实际作业速度相对标准速度是超前或落后。通常以 80% ～ 125% 加以区分。

2. 标准时间的设定

设定作业标准时间，可采用摄像观测设定法和秒表观测设定法。

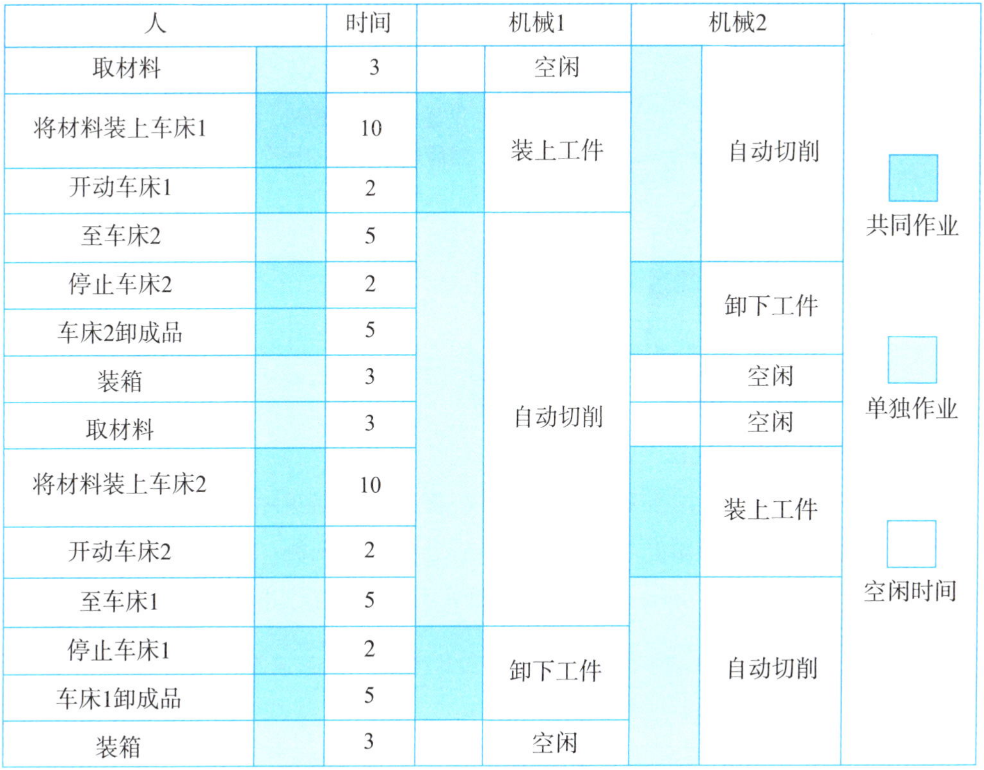

人	时间	机械1	机械2	
取材料	3	空闲	自动切削	
将材料装上车床1	10	装上工件		
开动车床1	2			
至车床2	5	自动切削		共同作业
停止车床2	2		卸下工件	
车床2卸成品	5			
装箱	3		空闲	单独作业
取材料	3		空闲	
将材料装上车床2	10		装上工件	
开动车床2	2			空闲时间
至车床1	5		自动切削	
停止车床1	2	卸下工件		
车床1卸成品	5			
装箱	3	空闲		

图 9-11　改善后作业分析图

表 9-5　改善后作业效率

对象	周期时间	工作时间	空闲时间	利用率
人	60（s）	60（s）	0	100%
机械 1	60（s）	54（s）	6（s）	90%
机械 2	60（s）	54（s）	6（s）	90%

（1）摄像观测设定法

摄像观测设定法是在测量标准作业时间时，首先根据动作间的连续性将作业过程分解成各个作业要素，然后用摄像机拍摄每个作业者的作业过程，最后通过调取记录，计算并确定标准作业时间。

> 我要调整好摄像机，然后进行准确的标准时间观测。

（2）秒表观测设定法

采用秒表观测设定法设定标准时间时，首先应根据实际情况将作业分解成各个作业要素，再按要求做好准备工作，然后进行实地观测，最后按要求对所得的观测值进行综合平衡、分析，得到标准时间，其具体步骤如图 9-12 所示。

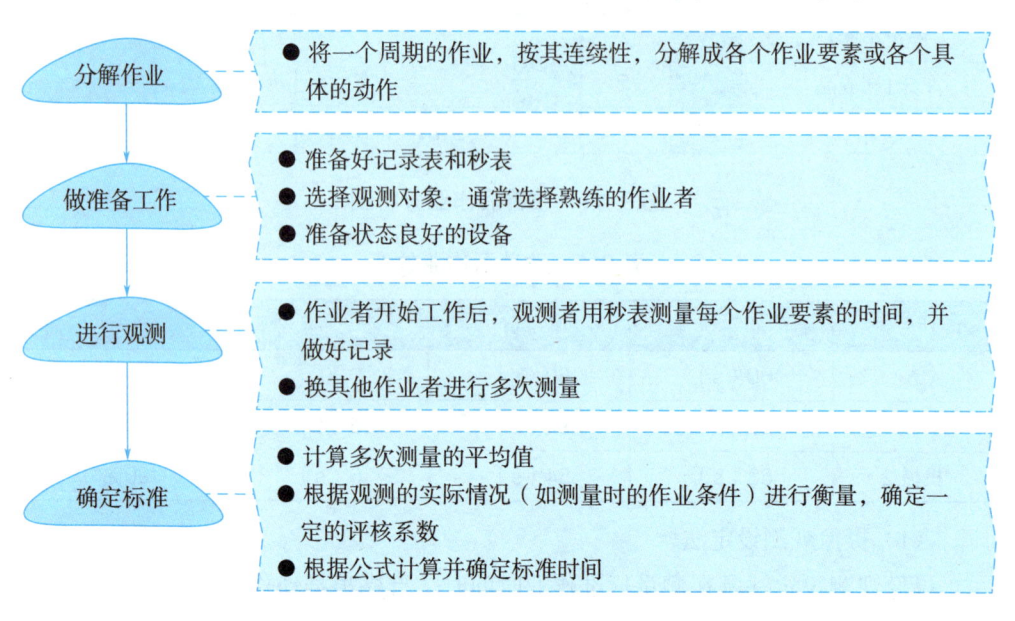

分解作业
- 将一个周期的作业，按其连续性，分解成各个作业要素或各个具体的动作

做准备工作
- 准备好记录表和秒表
- 选择观测对象：通常选择熟练的作业者
- 准备状态良好的设备

进行观测
- 作业者开始工作后，观测者用秒表测量每个作业要素的时间，并做好记录
- 换其他作业者进行多次测量

确定标准
- 计算多次测量的平均值
- 根据观测的实际情况（如测量时的作业条件）进行衡量，确定一定的评核系数
- 根据公式计算并确定标准时间

图 9-12　标准时间设定步骤

◐ 在设定标准时间前一定要实施作业的标准化，即对作业方法、作业顺序、人员配置、使用工具等进行明确，使其标准化。

◐ 作业要素的分割应在可观测的程度之内。

◐ 出现异常值，用圆圈圈起以便识别，计算平均值时，应略去不计。

◐ 确定评核系数时，一定要充分考虑实际情况，从而设定一个能信赖的标准时间。如果标准时间太严，也达不到减少浪费的目的。

9.3 节约的具体实施

9.3.1 减少物料浪费

物料在保管、搬运、使用的过程中，都可能存在很多的浪费现象，因此为了减少物料浪费，应从物料的使用、物料的搬运、物料的保管三个方面进行减少。

1. 减少物料的使用浪费

物料使用浪费应根据浪费产生的原因而采用不同的措施，具体措施如表 9-6 所示。

表 9-6　减少物料使用浪费的措施

浪费类型	浪费原因	控制措施
物料过量使用的浪费	不按定额使用物料	◆进行物料定额管理，检查员工是否过量使用物料
未正确使用的浪费	未按照要求进行使用和操作	◆定期对员工进行操作和使用技术的培训，使其掌握正确的操作和使用方法，从而减少浪费
	员工不按先来先用的原则使用物料	◆用标签对物料的入库日期做明确的标识 ◆通过检查来确保员工按先来先用的原则使用物料，以减少物料长期呆滞造成的浪费
边角料的浪费	员工随意丢弃边角料	◆设置回收处，对可利用的边角料回收进行再次利用

2. 减少物料的搬运浪费

◐ 搬运物料时，应将物料妥善包装，以减少洒落造成的物料浪费。

3. 减少物料的保管浪费

减少物料的保管浪费，应从改善存放方式、防护措施方面减少浪费，具体措施如表 9-7 所示。

表 9-7 减少物料保管浪费的措施

浪费原因	具体措施
存放方式不当	◆按上轻下重、上小下大摆放物品，并确保物品堆放稳固结实，避免其发生垮塌等现象，从而减少浪费
防护措施不当	◆在物料存放点安装除湿器、风扇等防湿、通风装置，以免物料变质浪费 ◆易碎的物品，应分开放置，并用塑料泡沫垫进行防护，防止碰坏 ◆危险品、化学品要单独存放，同时做好防护措施或用特殊的装置存放，并禁止烟火，以免发生燃烧和爆炸等损失

9.3.2 减少库存浪费

减少库存浪费，是指在保证生产顺利进行的同时，企业通过合理控制库存量、仓库合理利用、合理存放物品等方式来合理利用库存空间，减少浪费，其要点如图 9-13 所示。

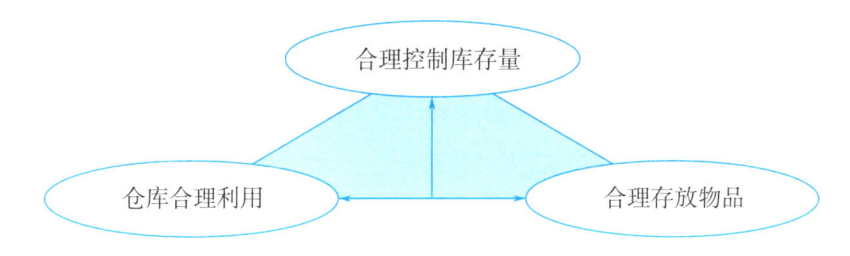

图 9-13 减少库存浪费要点

○ 合理控制库存量，是指企业根据市场需求确定合理的物料需要，从而确定合理的库存量，以保证及时生产。

○ 仓库合理利用，是根据7S活动相关要求，进行整理整顿，以减少仓库空间浪费。

①根据仓库物品整理的相关标准，对仓库内变质的、损坏的物品及杂物从仓库中清除。

②根据仓库总体环境、物品种类、区域规格等划定物品放置区域，合理放置物品。

③根据物品形状、性质，灵活运用立体码放方法摆放物品，以节省存储空间。

○ 合理存放物品，是根据物品大小、形状、性质及先进先出的原则合理摆放物品，做好通风、防湿等防护措施，以防止物品损坏、变质带来的浪费。

9.3.3 减少作业浪费

作业浪费，主要包括作业编排不合理、作业方法不科学、不按规定进行操作和作业人员技术不熟练等造成的浪费。

要减少作业浪费，应根据具体情况采取不同的措施，具体措施如表9-8所示。

表 9-8 减少作业浪费的措施

浪费原因	浪费说明	具体措施
作业编排不合理	在进行生产时，各工序作业编排不合理，使各工位作业不能衔接及不平衡导致的浪费	现场管理人员合理安排作业计划，合理分配现场的人、设备、物料等资源，调整生产速度，减少浪费
作业方法不科学	作业方法本身存在问题，导致生产中的大量人力、物力浪费	通过开展作业方法改进活动，改善原作业方法中引起浪费的环节

浪费原因	浪费说明	具体措施
不按规定进行操作	作业人员不按规定的作业方法进行操作，生产出不合格品引起的浪费	在车间安装摄像头，督促作业人员按要求进行操作，减少浪费
作业人员技术不熟练	作业人员技术不熟练造成的时间延迟或生产出不良品引起的浪费	对员工进行操作方法的培训，提高员工操作技能，减少浪费

车间、部门要减少作业浪费，应按如下步骤来开展：

- 首先，进行调研，弄清产生作业浪费的位置和原因。
- 然后，根据作业浪费的产生原因，采取对应的措施进行整改。
- 最后，在调整后进行复查、对比，不断完善，最终解决生产中的作业浪费。

9.3.4　减少水电气浪费

减少水电气浪费，是指在工作中采取各种措施节约水电气，减少浪费。减少工作场所水电气浪费的措施包括加强节约宣传、制定消耗定额、进行监督检查和创新工作方法，具体如图9-14所示。

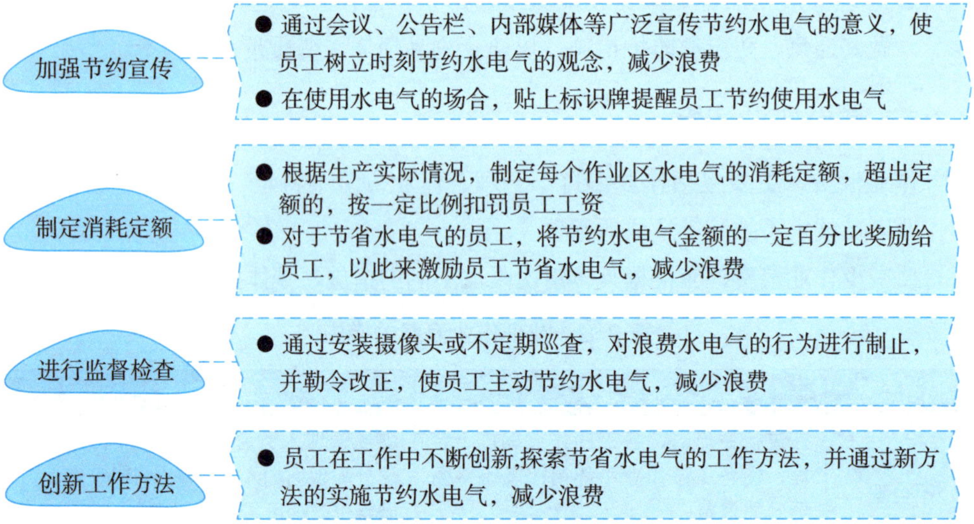

加强节约宣传
- 通过会议、公告栏、内部媒体等广泛宣传节约水电气的意义，使员工树立时刻节约水电气的观念，减少浪费
- 在使用水电气的场合，贴上标识牌提醒员工节约使用水电气

制定消耗定额
- 根据生产实际情况，制定每个作业区水电气的消耗定额，超出定额的，按一定比例扣罚员工工资
- 对于节省水电气的员工，将节约水电气金额的一定百分比奖励给员工，以此来激励员工节省水电气，减少浪费

进行监督检查
- 通过安装摄像头或不定期巡查，对浪费水电气的行为进行制止，并勒令改正，使员工主动节约水电气，减少浪费

创新工作方法
- 员工在工作中不断创新，探索节省水电气的工作方法，并通过新方法的实施节约水电气，减少浪费

图9-14　减少水电气浪费的方法

9.3.5 减少生产过剩浪费

减少生产过剩浪费，需要根据市场需求进行产品生产，其步骤如图 9-15 所示。

预测市场需求 → 分析自身产能 → 进行产品生产

图 9-15 减少生产过剩浪费的步骤

○ 预测市场需求，应首先通过调查取得足够的市场数据，然后选择合适的方法进行预测。预测市场需求可采用移动平均法来进行计算。

移动平均法计算公式为：$F_t=(A_{t-1}+A_{t-2}+...+A_{t-n})/n$

- F_t 为预测期的市场需求
- A_{t-1}、$A_{t-2}...A_{t-n}$ 为前面各期的值
- n 为移动的时期个数

下例为预测一个企业 6 月的市场需求，其 1-5 月产品市场需求量如表 9-9 所示。

表 9-9　某企业 1-5 月产品市场需求量

单位：吨

1月	2月	3月	4月	5月	6月
350	500	450	400	425	?

以 3 期为移动个数，则其 6 月的预测值为（450+400+425）/3=425

➲ 分析自身产能，根据自身的人员状况、设备状况、生产环境状况及以往的产量分析自身的产能，尤其应检查产能是否超过或低于市场需求。

➲ 在对市场需求和自身产能做出分析之后，就可以依据实际情况确定产量：如果产能大于市场需求，则按市场需求量进行生产；如果产能小于市场需求，则按产能进行生产。